Tafel II.

M. Seeger, Stuttgart.

EICHLER/KRENZ

Die Kaiserliche Flotte

JÜRGEN EICHLER
EGON FRIEDRICH KRENZ

Die Kaiserliche Flotte

KRIEGSSCHIFFE UND HAFENANSICHTEN
AUF HISTORISCHEN POSTKARTEN

BRANDENBURGISCHES
VERLAGSHAUS

Bildnachweis:
Alle in diesem Buch wiedergegebenen historischen Postkarten
stammen aus der Sammlung des Autors Jürgen Eichler.

Die auf der Vorderseite des Schutzumschlages abgebildete Postkarte
zeigt den Großen Kreuzer «Prinz Heinrich» (siehe S. 58).
Die auf Vor- und Nachsatz wiedergegebenen Effektentafeln sind entnommen:
Foß, M.: Marinekunde. Stuttgart: 6. Aufl. 1890;
Die Heere und Flotten der Gegenwart. Bd. 1: Deutschland. Hrsg. v. J. v. Pflugk-Harttung. Berlin: 1898.

CIP-Titelaufnahme der Deutschen Bibliothek
Eichler, Jürgen/Krenz, Egon Friedrich:
Die Kaiserliche Flotte: Kriegsschiffe und Hafenansichten auf historischen Postkarten/
Jürgen Eichler und Egon Friedrich Krenz. – Berlin:
Brandenburgisches Verlagshaus, 1991.

ISBN 3-327-01252-0

Redaktion: Dr. Jörg Günther
Einbandgestaltung, Layout und Produktion: Günter Hennersdorf
Satz und Druck: INTERDRUCK Leipzig GmbH
Printed in Germany

INHALT

EINFÜHRUNG

Kriegsschiffe auf Ansichtskarten in einem Buch zu veröffentlichen, das war sowohl für den Verlag als auch für die Autoren nicht unumstritten. Diesen stählernen Ungetümen, wo Generationen von Matrosen geschunden wurden und später im Ersten Weltkrieg ihr Leben ließen, sollte hier kein Denkmal gesetzt werden. Nach fast 100 Jahren sollten wir auch zu diesem Stück deutscher Geschichte eine sachliche Beziehung finden und begreifen, daß der Flottenbau für Kaiser Wilhelm II. und für die hinter ihm stehenden Kreise nicht nur eine Prestigesache war, sondern als ein entscheidendes Mittel für den Aufstieg Deutschlands zur Weltmacht angesehen wurde. Dabei nahmen die Herrschenden im wilhelminischen Kaiserreich bewußt den sich daraus verschärfenden Interessengegensatz insbesondere zum Britischen Empire in Kauf. Im Wettlauf der europäischen Großmächte um die Aufteilung der Welt forderte Wilhelm II. auch für Deutschland einen «Platz an der Sonne». Das war der Hintergrund für die Ankurbelung eines Rüstungswettlaufs, der bis zum Ausbruch des Ersten Weltkrieges zu immer neuen Schiffsbauten führte. Natürlich war davon auch die Technik des Schiffbaus berührt, vor allem betraf das die Leistungskraft der Maschinen, aber auch der eingebauten Waffen. So wird man unschwer erkennen, daß hervorragende deutsche Schiffbaukonstrukteure und Generationen von Werkmeistern und Schiffsbauer eine fast schön zu nennende, majestätische Flotte aus dem Boden stampften, Schiffe, die auf Flottenparaden und -besuchen bis 1914 in aller Welt präsent waren.

Wir konnten bei der Vielzahl der vorliegenden Ansichtskarten nur eine kleine Auswahl deutscher Kriegsschiffe ablichten. Allein der Bereich Flotte und Kolonien hätte viele Seiten gefüllt, und wir müssen hier den Leser auf bereits erschienene Literatur verweisen.

Die Nutzung von Ansichtskarten, erste Exemplare verschickte man bereits 1870, hat eine lange Geschichte. Es war der preußische Generalpostdirektor Heinrich von Stephan, der 1870 die Versendung von «Correspondenzkarten» ohne Bild im Norddeutschen Bund gestattete. In Berlin wurden am Tage ihres Erscheinens am 25. Juni 1870 45 468 Karten verkauft. Bis Ende des Jahres 1870 verschickten deutsche Heeresangehörige mehr als 10 Millionen Feldpostkarten. Populär wurde die Postkarte aber erst mit dem Aufkommen der *Bildpostkarte*, wobei bis heute nicht feststeht, wer deren eigentlicher Erfinder war. Schon am 16. Januar 1870 sandte der Hofbuchhändler August Schwartz aus Oldenburg eine Karte, die das Bildnis eines Artilleristen zeigte, an einen Bekannten nach Magdeburg. Diese Karte gilt allgemein als die erste Ansichtskarte. Derartige Karten wurden anfangs nicht von allen Postverwaltungen zugelassen, zum Teil sogar als nicht seriös abgelehnt. In den neunziger Jahren des vorigen Jahrhunderts fanden die Bildpostkarten allgemeine Anerkennung und wurden zu einem überaus populären Massenartikel. Anfangs war die Anschriftenseite von Mitteilungen freizuhalten. Das Bild mußte daher noch Platz für einige Zeilen einer Nachricht freilassen. Erst 1905 wurde in Deutschland die Hälfte der Anschriftenseite als Mitteilungsraum freigegeben. Von diesem Jahr an verschwanden die auch in diesem Buch auf einigen Karten erkennbaren handschriftlichen Eintragungen auf der Bildseite, die uns heute doch mehr als Kuriosität erfreuen. Die Bildpostkarten waren handlich, billig und schnell zu produzieren. Ihre Herstellung lag zunächst in den Händen lithographischer Betriebe. In Deutschland hatten sich Firmen schon um 1897 zu Großbetrieben für die Produktion farbiger Postkarten im Verfahren der Chromolithographie spezialisiert, die Aufträge aus dem ganzen Reichsgebiet übernahmen. Waren zunächst vor allem künstlerische Zeichnungen Grundlage für die Bildherstellung gewesen, so setzte man etwa seit der Jahrhundertwende zunehmend fotografische Verfahren, die man seit etwa 1880 in der Reproduktionstechnik verwendete, auch zur Gewinnung der Bildvorlage für die Postkarten ein. Reine Fotokarten, bei denen also das Bild nicht durch ein Druckverfahren von einer fotografischen Vorlage massenhaft auf Postkarten übertragen wurde, sondern bei denen die Postkarte selbst ein Abzug war, wurden erst nach 1905 massenhaft auf den Markt gebracht. Zur richtigen Beurteilung des damals hohen Werbe- und Nachrichtenwertes der Ansichtskarten in der Zeit vor dem Ersten Weltkrieg muß man bedenken, daß damals selbst Zeitschriften nur spärlich illustriert waren, daß es eine Amateurfotografie nicht gab und daß der Film noch in den Kinderschuhen steckte. Die Ansichtskarte war also in einer heute schwer vorstellbaren Weise zu einem wichtigen Informationsvermittler geworden. Als Bildmotive wurden fast alle Erscheinungsformen des Lebens aufgegriffen. Abbildungen von Städten, Straßen, Darstellungen der Freizeit und Erholung, Reklame, Industrie und Wirtschaft, des Verkehrswesens, Ereignisse der Historie, Karten mit politischen Karikaturen und Kunstwerken, Weihnachts-, Neujahrs-, Oster-, Geburtstags-, Jubiläums- und Kitschpostkarten gehörten zu den Schwerpunkten der inhaltlichen Gestaltung der Ansichtskarten. Zu diesen Bildmotiven gesellten sich bald auch die der sogenannten Ereigniskarten, auf denen Einweihungen, Besuche von Persönlichkeiten, Unglücke und andere herausragende Geschehnisse festgehalten waren.

Die Ansichtskarte wurde um 1900 in zunehmenden Maße dazu genutzt, das Volk für den Gedanken einer starken deutschen Flotte zu begeistern. Ansichtskarten mit Abbildungen von Marineschauspielen, Marineausstellungen und Flottenmanövern hatten das Ziel, das Verständnis und die Begeisterung im Volke zu wecken und die um die Jahrhundertwende verstärkt einsetzende Flottenrüstung psychologisch vorzubereiten. Zwei Männer waren im wilhelminischen Deutschland die Wegbereiter eines gigantischen Flottenbauprogramms: Alfred von Tirpitz und Wilhelm II. Admiral Tirpitz, von vielen als der «Roon der Marine» gerühmt, schuf die parlamentarischen und rechtlichen Voraussetzungen zum Aufbau einer Flotte. Kaiser Wilhelm II., der 1899 in Hamburg seine programmatische Rede «Bitter not tut uns eine starke Flotte» hielt, in der er die sofortige Vergrößerung der Flotte forderte, war ohne Zweifel der wahre Schöpfer der deutschen Flotte. Der Kaiser gab den offiziellen Rückhalt, um das von Admiral von Tirpitz entworfene und in Gang gesetzte Flottenbauprogramm auszuführen. Im Rahmen eines großangelegten Propagandafeldzuges wurden Massenveranstaltungen zugunsten des Flottenbaus organisiert, führende Männer aus Politik und Wirtschaft erhielten Einladungen zu Flottenparaden, populäre Zeitschriften und Bücher verherrlichten die Marinegeschichte, Marine-Uniformen kamen in Mode, besonders für Kinder. Auch eine Reihe politischer Interessengruppen stellte sich hinter Tirpitz' Flottenprogramm. Die Kolonialgesellschaft verteilte allein in einem Jahr 250000 Broschüren und 7 Millionen Flugschriften zu diesem Thema. 1898 schließlich gründeten Alfred Krupp und Fürst Wied den Deutschen Flottenverein, um, wie es hieß, «weite Bevölkerungskreise aus dem politischen Parteibann herauszuholen und für die eine große nationale Frage zu begeistern». Daß dabei dem Propaganda- und Informationsmittel «Ansichtskarte» eine nicht zu unterschätzende Bedeutung zukam, davon wird sich der Leser beim Betrachten der abgebildeten Illustrationen überzeugen können.

DES KAISERS SCHIFFE IM PORTRÄT

Radaviso «Preussischer Adler»

Als im April 1848 der deutsch-dänische Krieg um Schleswig-Holstein ausbrach, war man insbesondere in Preußen bemüht, rasch kriegsverwendungsfähige Seeschiffe einzusetzen, um die weiten Küstenstrecken zu schützen. Bei Kriegsausbruch requirierte das preußische Kriegsministerium den im Postdienst zwischen Stettin und Sankt Petersburg fahrenden Dampfer «Preussischer Adler». Das Schiff war 1846/47 auf der britischen Werft Ditchburn & Mare in London für 312 Taler gebaut worden. Es hatte eine Wasserverdrängung von 1430 t. Der von einer Expansionsmaschine (900 PS) angetriebene Raddampfer (2 Seitenräder mit je 20 Schaufeln) erreichte eine Geschwindigkeit von 10 kn. Das Schiff war 62,72 m lang, 16,2 m breit und verfügte über einen Tiefgang von 3,30 m. 168 Reisende konnte der Dampfer im Postdienst befördern. Das preußische Kriegsministerium ließ das Schiff 1848 (u. a. durch Anbringung von Deckverstärkungen zum Aufstellen von zwei 25pfünder-Bombenkanonen Kaliber 150 mm) zu einem behelfsmäßigen Kriegsschiff herrichten. 1849 kamen zusätzlich 2 kurze 32pfünder, ab 1862 4 kurze 36pfünder und ab 1867 2 gezogene und 2 glatte 24pfünder hinzu. Da Mangel an Seeleuten herrschte, wurde ein Teil der Stammbesatzung und der Kapitän, Paul Barandon, übernommen.

Am 27. Juni 1849 kam es auf der Höhe von Brüsterort zum ersten Seegefecht zwischen dem «Preussischen Adler» und der dänischen Kriegsbrigg «St. Croix». Dieses Seegefecht zwischen 16 dänischen und 4 preußischen Geschützen war das erste Seegefecht der jungen preußischen Flotte. Nach Unterzeichnung des Waffenstillstands und entsprechenden Umbauten stand der «Preussische Adler» ab November 1849 wieder für den Postdienst zur Verfügung. Bis 1862 fuhr das Schiff als Postdampfer zwischen Stettin und Sankt Petersburg. Nach einem völligen Umbau als Kriegsschiff ging «Preussischer Adler» dann endgültig in den Besitz der Marine über. Während des deutsch-französischen Krieges 1870/71 wurde der Aviso Flaggschiff des Oberbefehlshabers der Ostseestreitkräfte, nahm aber an keinem Seegefecht teil. Bis zur Außerdienststellung des Schiffes 1879 war der Aviso noch als Fischereischutzschiff in der Nordsee und als Heizer- und Maschinistenschulschiff im Einsatz. Die Hulk wurde dann dem neu ernannten Chef des Torpedowesens, Tirpitz, zur Erprobung der Torpedowaffe zur Verfügung gestellt und am 26. 6. 1879 vor Kiel-Wik durch Torpedos versenkt. Die geborgene Galionsfigur befindet sich noch heute in der Marineschule Mürwik.

Dampffregatte «Barbarossa»

Schwesterschiff in der Bundesflotte: «Erzherzog Johann»

Das Schiff lief am 5. 2. 1840 auf der britischen Werft John Wood, Glasgow, als «Britannia» vom Stapel. Auftraggeber der Serie von vier Seitenraddampfern war der britische Reeder Samuel Cunard. Im Auftrag der Cunard-Reederei war der Raddampfer im Postdienst zwischen England und den USA eingesetzt. Die «Britannia» hat den Atlantik dabei 99mal zwischen Liverpool und Boston havarielos überquert. 1849 kaufte die Frankfurter Nationalversammlung das Schiff für 37000 Pfund für die im Aufbau befindliche Deutsche Bundesflotte, wobei sowohl die Bedrohung deutscher Seehäfen durch Dänemark als auch der Schutz deutscher Handelsinteressen eine Rolle spielten. Nach Umbauten stellte man das Schiff am 19. 3. 1849 unter dem Namen «Barbarossa» in Dienst. Der Flottenchef Kapitän zur See Brommy bestimmte es zu seinem Flaggschiff. Zwei Seiten-Balanciermaschinen (2 Schaufelräder) ermöglichten eine Geschwindigkeit von 8,0 kn. Die Wasserverdrängung des voll ausgerüsteten Schiffes lag bei 1313 t. «Barbarossa» war nachträglich mit 9 68-Pfünder-Bombenkanonen des Arsenals Woolwich ausgerüstet worden.

Der einzige nennenswerte Einsatz der «Barbarossa» fand gemeinsam mit den Dampfkorvetten «Hamburg» und «Lübeck» am 4. 6. 1849 gegen die im Blockadedienst vor Helgoland eingesetzte dänische Korvette «Valkyrien» statt und endete für beide Seiten ohne Verluste. 1852 wurde die «Barbarossa» zusammen mit der im Gefecht bei Eckernförde eroberten Segelfregatte «Eckernförde» (ex «Gefion») von Preußen übernommen. Sechs Jahre später erfolgte der Umbau zum Kasernenschiff und im April 1856 stellte man sie, – offiziell «nicht seegehendes Schiff» genannt –, in Dienst. Danach wurde sie für die Grundausbildung von Angehörigen der Handelsmarine und als Unterkunft für Schiffsjungen genutzt. Nach der Streichung aus der Liste der Kriegsschiffe wurde «Barbarossa» als Zielschiff verwendet und am 28. 7. 1880 durch Torpedoschuß versenkt (später gehoben und abgewrackt).

Panzerfahrzeug
(Ramm- bzw. Widderschiff)

Panzerfahrzeug «Prinz Adalbert»

Das Panzerfahrzeug lief am 25. 10. 1864 auf der französischen Werft L'Arman Frères in Bordeaux vom Stapel. Es war uspründlich für die Konföderierten Staaten von Amerika (CSA) unter dem Tarnnamen «Cheops» in Auftrag gegeben worden. Nach einem Lieferverbot der französischen Regierung erwarb die preußische Marine das Schiff. Am 29. 10. 1865 erhielt es den Namen «Prinz Adalbert». Erst am 10. 6. 1866 stellte man dieses nach «Arminius» zweite Panzerfahrzeug erstmalig regulär in Dienst. Das Schiff war, wie bisher fast alle französischen Panzerfahrzeuge, aus Holz gebaut und gekupfert. Die Betakelung war die einer Brigg, d. h. mit 2 Masten, an denen sich Rahen befanden. «Prinz Adalbert» war das erste Zweischraubenschiff der Preußischen Marine. Die 2 liegenden zweizylindrigen Einfachexpansionsmaschinen hatten eine Leistungskraft von 300 PS, wodurch das Schiff eine Geschwindigkeit von 9,5 kn erreichte. Das Panzerfahrzeug verfügte über einen außerordentlich langen (etwa 6,5 m) und spitzen Rammsporn. Die Schiffsgeschütze standen in nicht drehbaren, auf dem Oberdeck aufgebauten Panzertürmen und waren wie das übrige Schiff mit 12 cm Eisen gepanzert. Im vorderen Turm (Durchmesser 5,5 m) ruhte auf einer drehbaren Plattform eine kurze 210-mm-Ringkanone, im hinteren Turm (Durchmesser 7 m) in der Nähe des Großmastes standen 2 170-mm-Ringkanonen. Insgesamt hatte das Schiff eine Wasserverdrängung von 1560 t. «Prinz Adalbert» war ein ausgesprochen schlechtes Seeschiff mit erheblichen baulichen und konstruktiven Mängeln. Das Panzerfahrzeug wurde während des deutsch-französischen Krieges als Flaggschiff des Sicherungsverbandes der Elbmündung herangezogen, danach als Elbe-Wachtschiff eingesetzt und am 23. 10. 1871 außer Dienst gestellt. Am 28. 5. 1878 wurde «Prinz Adalbert» aus der Liste der Kriegsschiffe gestrichen und in Wilhelmshaven abgewrackt. In die deutsche Marinegeschichte ist es als «der lahme Vetter» eingegangen, eine Bezeichnung, die Prinz Adalbert geprägt hat.

13 Das Schiff wurde im Frühjahr 1865 im türkischen Auftrag auf der britischen Thames Fron Works in Blackwall auf Stapel gelegt. Konstrukteur war der berühmte britische Schiffbauer Sir E. Reed. Finanzielle Schwierigkeiten der türkischen Regierung führten zur Lösung des Bauvertrages; das Schiff wurde 1867 preußischer Besitz. Unter dem Namen «König Wilhelm» lief es am 25.4.1868 in Gegenwart des Prinzen Adalbert vom Stapel. Am 30.4.1869 überführte man «König Wilhelm» nach Kiel, wo die Endausrüstung mit den neuen Krupp-Geschützen erfolgte. Mit einer maximalen Wasserverdrängung von 10761 t war das Schiff eines der größten Panzerschiffe der damaligen Zeit. Eine zweizylindrige Einfachexpansionsmaschine von 8000 PS ermöglichte eine Geschwindigkeit von 14,0 kn. In der Batterie standen 18 240-mm-Geschütze als Breitseitkanonen, in der Kapitänskajüte eine 210-mm-Kanone als Rückzugsgeschütz; ferner standen 2 210-mm-Geschütze in den beiden gepanzerten Halbtürmen und 2 vorn am Bug als Jagdkanonen auf dem Oberdeck. Das Schiff führte eine 2000 m² große Vollschiff-Takelung. Nach einem Zusammenstoß mit der neuen Panzerfregatte «Großer Kurfürst» im Englischen Kanal am 31.5.1878, wo «Großer Kurfürst» mit 269 Mann sank, erfolgten ab Herbst 1878 umfangreiche Reparaturen und Umbauten. Man nahm den britischen schmiedeeisernen Panzer ab und ersetzte ihn durch einen stärkeren Walzeisen-(Compound -) Panzer. Die Schornsteine erhielten die charakteristischen (dicken) Dampfrohre. Die 5 210-mm-Geschütze tauschte man gegen 4 240-mm-Geschütze aus. Die gepanzerte Kommandobrücke wurde wesentlich erweitert. Ab 1894 baute man die «König Wilhelm» zum Großen Kreuzer um. Die Bewaffnung verstärkte man durch 18 88-mm-Schnellladekanonen (je 2 als Bug- und Heckgeschütze auf Back und Kampanje und je 7 in der Breitseite). Der Kreuzmast wurde durch einen Signalmast ersetzt, die beiden anderen Masten erhielten Gefechtsmarsen. Ab 3.5.1904 war das Schiff in die Klasse der Hafenschiffe überführt. Am 1.10.1907 stellte man die «König Wilhelm» als stationäres Wohn- und Exerzierschiff für Schiffsjungen bis zum Ende des Ersten Weltkrieges erneut in Dienst. Am 4.1.1921 wurde «König Wilhelm» verkauft und auf der Werft in Rönnebeck abgewrackt.

Panzerfregatte/Großer Kreuzer «König Wilhelm»

Panzerfregatte/Einzelschiff

Typschiff: «Kaiser»

Panzerfregatte «Deutschland»

Schwesterschiff: «Kaiser»

Im Dezember 1871 erhielt die britische Firma Samuda Brothers, Poplar bei London den Auftrag zum Bau der Panzerfregatte. Die Kiellegung erfolgte im Mai 1872. Erst am 12.9.1874 lief das Schiff vom Stapel. Im Sommer 1875 erfolgte die Überführung nach Wilhelmshaven und die Endausrüstung mit den von Krupp gelieferten Geschützen. «Deutschland» stellte am 1.4.1876 in Dienst und trat anschließend zum Panzer-Übungsgeschwader. Die Panzerfregatte «Deutschland» und das Schwesterschiff waren gute, ruhige Seeschiffe, die sich vorzüglich manövrieren ließen. Die Wasserverdrängung des voll ausgerüsteten Schiffes lag bei 8940 t. «Deutschland» war 89,34 m lang, 19,1 m breit und hatte einen Tiefgang von 7,93 m. Die von J. Penn & Sons, Greenwich, gelieferte zweizylindrige Einfachexpansionsmaschine erreichte eine Leistung von 5637 PS, was eine Geschwindigkeit von 14,0 kn ermöglichte. Das Schiff galt während seiner Dienstzeit in der kaiserlichen Marine als dasjenige mit den meisten Maschinenhavarien. Die Bewaffnung bestand ursprünglich aus 8 260-mm-Ringkanonen und einer 210-mm-Ringkanone; später, vor allem nach Umbauten, mehrmals verändert, bestand sie zuletzt aus 8 260-mm-Geschützen, 8 150-mm-Geschützen, 8 88-mm-Geschützen und diversen Revolver- bzw. Maschinenkanonen. Nach dem großen Umbau von 1894 bis 1897 stellte «Deutschland» als Großer Kreuzer in Dienst. Ende 1897 gehörte der Große Kreuzer gemeinsam mit dem Großen Kreuzer «Kaiserin Augusta» und dem Kleinen Kreuzer «Gefion» zur neugebildeten II. Kreuzerdivision und wurde anschließend nach Kiautschou entsandt. Bis 1900 diente sie dem Prinzen Heinrich als Flaggschiff des Kreuzergeschwaders bei zahlreichen Staatsbesuchen in ostasiatischen Ländern. Am 3.5.1904 erfolgte die Streichung aus der Liste der Großen Kreuzer und unter dem Namen «Jupiter» die Versetzung in die der Hafenschiffe. Es diente ab 1907 als Zielschiff für Schießübungen der Hochseeflotte, ab 1908 der Artillerie-Versuchskommission zur Beschießung mit schwersten Geschützen in der Swinemünder Bucht. Am 15.12.1910 wurde das Schiff zum Abwracken an die Firma Neugebauer & Co., Lemwerder, verkauft.

«Sachsen»-Klasse

Panzerkorvette «Württemberg»

Schwesterschiffe: «Sachsen», «Bayern», «Baden»

Der Bau der Panzerkorvette geht auf den Amtsentwurf von 1872 bis 1874 zurück. Geplant war der Bau der Panzerschiffe B, A, C und D, deren Verwendung hauptsächlich für die Ostsee gedacht war. Den Auftrag zum Bau der Panzerkorvette «D» erhielt die Vulcan-Werft in Stettin, wo im November 1876 der Kiel gestreckt wurde. Als erstes Schiff der Kaiserlichen Marine bestand die gesamte Panzerung aus einheimischer Fertigung. Am 9.11.1878 fand der Stapellauf statt. Erstmals stellte sie am 9.5.1881 in Swinemünde zur Überführung nach Kiel in Dienst. Auf der Kaiserlichen Werft erfolgten weitere Ausrüstungsarbeiten und der Abschluß der Armierung. Das Panzerschiff war u. a. mit 6 Ringkanonen des Kalibers 260 mm, 6 Ringkanonen des Kalibers 87 mm und mehreren Revolverkanonen bestückt. «Württemberg» verfügte über zwei liegende dreizylindrige Einfachexpansionsmaschinen mit insgesamt 8 querstehenden Thornycroft-Kesseln der A. G. «Germania» Berlin-Tegel. Mit einer Maschinenleistung von rund 4600 PS kam das voll ausgerüstete 7877-t-Schiff auf eine Geschwindigkeit von gut 13 kn. Bis zur Jahrhundertwende sind keine außergewöhnlichen Ereignisse für «Württemberg» zu vermelden, wenn man von den laufenden Änderungen in der Klassifizierung absieht (1884 Panzerschiff, 1893 Panzerschiff III. Klasse, 1899 Linienschiff). Im Volksmund hießen die Schiffe der «Sachsen»-Klasse wegen ihres kastenartigen Aussehens der Außendecks und der paarweisen Anordnung der Schornsteine «Zementfabriken». Als markant könnte man in schiffsbautechnischem Sinn noch den äußerst stabilen Rammsporn bezeichnen, der an die Seeschlacht von Lissa (1866) erinnerte. 1899 erfolgten größere Modernisierungsarbeiten, die die Schiffssilhouette der «Württemberg» entscheidend veränderten (statt der Vier-Schornsteinaufstellung nur noch ein Schornstein). Ab 1906 bis zur Außerdienststellung am 1.2.1919 diente das Panzerschiff als Torpedoschulschiff (kurzzeitig 1914 Flaggschiff des Trosses der Seestreitkräfte). Man änderte die Bewaffnung (Ausbau der schweren Artillerie, jetzt nur noch 4 bis 8 88-mm-Geschütze) und nutzte die leeren Barbettetürme als Wohn- und Unterrichtsräume. Bis zur endgültigen Außerdienststellung am 10. 11. 1919 diente das Schiff als Wohnschiff sowie als Mutter- und Werkstattschiff für Minenräumverbände. «Württemberg» wurde 1920 in Wilhelmshaven abgewrackt.

Panzerkorvette «Oldenburg»

Einzelschiff

Den Bauauftrag zum Neubau Panzerschiff «E» erhielt die A. G. Vulcan, Stettin. Am 20.12.1884 fand der Stapellauf statt, wobei der Erbgroßherzog Friedrich August von Oldenburg die Taufe vollzog. Im April 1886 konnte die Marine das Schiff übernehmen. Das 1879/81 als Amtsentwurf entstandene, als Quer- und Längsspant-Stahlbau mit Eisensteven gefertigte Schiff kam bei einer Länge von 79,80 m, einer Breite von 18,0 m und einem Tiefgang von 6,30 m voll ausgerüstet auf 5743 t Verdrängung. Die Antriebsanlage bestand aus 8 querstehenden Zylinderkesseln (24 Feuer, 5 atü) und 2 liegenden vierzylindrigen Zweifachexpansionsmaschinen mit einer Gesamtleistung von 3900 PS. Die Panzerkorvette erreichte eine Geschwindigkeit von 13,7 kn. «Oldenburg» verfügte nur über eine äußerst begrenzte Bunkerkapazität (450/348 t, einschließlich 120 t Preßkohle Deckslast), so daß das Schiff bei einer Durchschnittsgeschwindigkeit von 10 kn lediglich 1370 sm zurücklegen konnte (zum Vergleich: die Schiffe der in dieser Zeit gebauten «Sachsen»-Klasse hatten eine Reichweite von 1940 sm). Eine Besonderheit des Schiffes war die Geschützaufstellung in Kasematten. Als das letzte für die deutsche Marine gebaute Kasemattschiff verfügte die Panzerkorvette über 8 240-mm-Ringkanonen (zeitweise waren es 4 150-mm-Ringkanonen) sowie über 2 bis 8 und zuletzt 2 87-mm-Ringkanonen, die später durch 6 50-mm-Geschütze ausgetauscht wurden. Es gab 4 Torpedoabgangsrohre vom Kaliber 35 cm. Da das Schiff in seinen Proportionen sehr hochbordig gebaut worden war, erhielt es in der Marine den Spitznamen «Bügeleisen». Bis 1890 war das Panzerschiff (so ab 1884 klassifiziert) als Wachtschiff und Maschinisten-Schulschiff in Wilhelmshaven eingesetzt. 1891 wurde «Oldenburg» Stammschiff der Reserve-Division der Nordsee. 1897/98 unternahm das Schiff noch längere Auslandsreisen, wurde dann aber bereits ein Jahr später in Wilhelmshaven außer Dienst gestellt. Anfang Januar 1904 nach Kiel geschleppt, verblieb das Schiff bis 13.1.1912, dem Tag der Streichung aus der Liste der Kriegsschiffe, in Reserve, wurde aber weiter formell als Linienschiff geführt (ab 1899). Der Rumpf diente noch als Zielschiff. Am 5.5.1919 wurde es an eine Firma in Hattingen verkauft und von dieser im gleichen Jahr in Wilhelmshaven abgewrackt.

«Carola»-Klasse

Kreuzerkorvette/Schulschiff «Sophie»

Schwesterschiffe: «Carola», «Olga», «Marie», «Alexandrine», «Arcona»

Der Bau der Glattdeckskorvette «F» nach dem Amtsentwurf von 1875, der letzten der «Carola»-Klasse, wurde der Kaiserlichen Werft Danzig 1879 übertragen. Die Kiellegung fand im Januar 1880 statt. Am 10.11.1881 lief das Schiff vom Stapel. Am 10.8.1882 wurde mit den Probefahrten begonnen, das Schiff nach Kiel überführt und vor dem ersten großen Auslandseinsatz in Wilhelmshaven außer Dienst gestellt. Die Schiffe der «Carola»-Klasse wurden zu Beginn als Glattdeckskorvetten (Schiffe IV. Ranges) klassifiziert. Ab 1884 trugen sie die Bezeichnung Kreuzerkorvetten, ab 1893 nannte man sie Kreuzer III. Klasse, damals waren sie meist als Schulschiffe für Schiffsjungen im Einsatz. «Sophie» verdrängte voll ausgerüstet 2424 t und verfügte über eine liegende zweizylindrige Zweifachexpansionsmaschine mit einer Leistung von rund 2100 PS, was eine Geschwindigkeit von 13,5 kn ermöglichte. Als mittelmäßige Seeschiffe, stark stampfend und schlingernd, brauchten die Schiffe der «Carola»-Klasse viel Segel und ließen sich unter Dampf gut manövrieren und steuern. Die Besatzungsstärke auf «Sophie» betrug 298 Mann, einschließlich 150 Schiffsjungen. Die «Sophie» war ein Querspant-Eisen-Stahlbau mit Holzplanken und Zinkbeschlag, war 76,4 m lang, 12,5 m breit und ging 6,08 m tief; sie führte 10, zeitweilig auch nur 8 150-mm-Ringkanonen, 2 87-mm-Ringkanonen bzw. nach der Modernisierung 2 Schnelladekanonen mit dem Kaliber 88 mm sowie diverse 37-mm-Revolverkanonen. Von 1883 bis 1892 befand sich das Schiff hauptsächlich auf Ausbildungsreisen im Auslandseinsatz. Ab 1892 folgte der Umbau zum Schulschiff, 1895 die Verlegung nach Wilhelmshaven und 1897 die offizielle Überführung in die Liste der Schulschiffe. Am 7.4.1899 stellte sie zum letzten Mal außer Dienst, um von der «Gneisenau» abgelöst zu werden. Erst am 21.5.1908 erfolgte die Streichung aus der Liste der Kriegsschiffe. Der Rumpf wurde bis Ende 1918 in Wilhelmshaven und Kiel als Wohnschiff verwendet, am 7.7.1920 verkauft und 1921 abgewrackt.

Schulschiff

Kreuzerfregatte «Charlotte»

Einzelschiff

Entwicklung und Bau dieses Schiffes fällt in eine Übergangszeit, als der Kriegsschiffbau und die Seekriegstechnik sich in einer Wandlung vom hölzernen, vollgetakelten Segler mit Batteriedeck und Ringkanonen zum maschinengetriebenen eisernen Kampfschiff befanden. Dementsprechend hatte sich auch die Ausbildung verändert, doch wollte man auch unter heute verständlichem Gesichtspunkt nicht auf traditionelle Ausbildungsformen (z. B. an der Takelage) verzichten. Am 2. 4. 1883 streckte die Kaiserliche Werft Wilhelmshaven den Kiel der Kreuzerfregatte Ersatz «Victoria». Die Bauzeit dauerte ungewöhnlich lange, denn erst am 5. 9. 1885 konnte der Stapellauf stattfinden. Am 22. 9. 1888 stellte das Schiff in Dienst und wurde in das Schulgeschwader eingereiht. Die Kreuzerfregatte hatte eine Wasserverdrängung von 3763 t. Mit der eingebauten Expansionsmaschine erreichte das Schiff eine Geschwindigkeit von 13 kn. Die Armierung bestand bei der Indienststellung aus 18 150-mm-Ringkanonen und 2 88-mm-Schnellfeuerkanonen. Bei der ersten Ausbildungsreise im September 1888 befanden sich 50 Seekadetten und 230 Schiffsjungen an Bord. 1893 wurde «Charlotte» offiziell Schulschiff der Marine. Ausbildungsreisen führten das Schiff nach Mittelamerika, in den Mittelmeer-Raum, aber auch nach Brasilien, Uruguay und Westindien. Verschiedentlich unterstützte es dabei auch demonstrativ die politischen und wirtschaftlichen Interessen des deutschen Kaiserreichs, so 1897 auf Haiti, 1899 in Tanger und 1902 vor der Küste Venezuelas.

Am 31.3.1909 wurde in Kiel dieses letzte Segelschiff der Kaiserlichen Marine außer Dienst gestellt.

Am 29.5.1909 aus der Liste der Kriegsschiffe gestrichen, diente der Rumpf zunächst weiter als Wohnschiff bzw. Hulk des Schiffsjungenschulschiffes «König Wilhelm» in Kiel und Flensburg. Während des Ersten Weltkrieges wurde das Beischiff «Charlotte» erneut kurzzeitig für Schulzwecke in Dienst gestellt. 1921 ist die Hulk nach Hamburg verkauft und dort als Lagerschiff aufgebraucht worden.

«Bismarck»-Klasse

Kreuzerfregatte «Blücher»

Schwesterschiffe: «Bismarck», «Stosch», «Moltke», «Gneisenau», «Stein»

Von den gedeckten Korvetten der «Bismarck»-Klasse wurde der im März 1876 bei der Norddeutschen Schiffbau A. G. in Kiel auf Stapel gelegte Neubau «C» beim Stapellauf am 20.9.1877 auf den Namen «Blücher» getauft. Von den insgesamt 6 geplanten Korvetten liefen nach der «Bismarck» 1877 «Moltke» und «Stosch» vom Stapel, «Stein» und «Gneisenau» folgten 1879. «Blücher» verfügte voll ausgerüstet über eine Wasserverdrängung von 3386 t, war 82,50 m lang, 13,7 m breit und hatte einen Tiefgang von etwa 6,18 m. Alle diese Schiffe verfügten über volle Takelung. Mit einer Maschinenleistung von rund 3000 PS lag die Geschwindigkeit bei nur 13,8 kn. Alle Schiffe der «Bismarck»-Klasse waren ganz aus Eisen gebaut, verfügten über Doppelboden und mehrere Querschotten, aber über keinerlei Panzerschutz. Auch Tonnage und Geschwindigkeit entsprachen nicht den Anforderungen an moderne Kriegsschiffe und schon gar nicht waren die Schiffe der «Bismarck»-Klasse somit den modernen Kreuzern fremder Marinen gewachsen. Anfang 1880 wurde «Blücher» als Torpedoschul- und Versuchsschiff hergerichtet. Die Takelage wurde auf rund 600 m² Segelfläche reduziert und die 16 150-mm-Ringkanonen entfernt, stattdessen erhielt «Blücher» mehrere 80-mm-Bootskanonen und 37-mm-Revolverkanonen sowie insgesamt 7 Torpedorohre. Ab Sommer 1880 erfüllte «Blücher» die Funktion als Torpedoschul- und Versuchsschiff. Ein Großteil der kaiserlichen Seeoffiziere erhielten auf «Blücher» ihre Torpedoausbildung. 1906 stellte «Blücher» außer Dienst und diente nur noch als Lehr- und Wohnschiff in Flensburg-Mürwik. 1907 ereignete sich auf der Hulk ein schweres Unglück. Bei der Explosion eines Kessels kamen 16 Mann der Besatzung ums Leben. 1908 wurde «Blücher» aus der Liste der Kriegsschiffe gestrichen und an eine Firma in Rotterdam verkauft, die sie in Vigo als Kohlenhulk aufbrauchte.

Kreuzerfregatte «Stosch»

«Bismarck»-Klasse
Schwesterschiffe:
«Bismarck», «Blücher», «Moltke», «Gneisenau», «Stein»

Im November 1875 begann die A. G. Vulcan, Stettin, mit dem Bau des dritten Schiffes der «Bismarck»-Klasse, der Gedeckten Korvette Ersatz «Gazelle». Am 8. 10. 1877 erfolgte der Stapellauf, wobei der Chef der Ostsee-Marinestation, Konteradmiral R. Werner, die Taufe vollzog. Am 1. 4. 1881 stellte «Stosch» in Dienst, um in Ostasien die Funktion als Flaggschiff der dort stationierten Kriegsschiffe zu übernehmen. «Stosch», ab 1884 Kreuzerfregatte, hatte voll ausgerüstet eine Wasserverdrängung von 2994 t, war 82 m lang und 13,7 m breit. Eine liegende dreizylindrige Einfachexpansionsmaschine mit einer Leistung von rund 2500 PS ermöglichte eine Geschwindigkeit von 12,0 kn. Die Kreuzerkorvetten und späteren Schulschiffe der «Bismarck»-Klasse waren gute Seeschiffe, hatten aber viel Fahrtverlust gegen See und segelten nur bei steifer, raumer Brise gut. Von Paschen, der auf «Stosch» längere Zeit als Commodore fuhr, bescheinigt dem Schiff vorzügliche Segeleigenschaften. Als Schulschiff führte «Stosch» eine Besatzungsstärke von 469 Mann, einschließlich 50 Seekadetten und 210 Schiffsjungen. Ab 1881 gehörte «Stosch» gemeinsam mit der Gedeckten Korvette «Hertha» und den Kanonenbooten «Iltis» und «Wolf» zum Ostasiatischen Kreuzergeschwader. Bis 1885 stand «Stosch» im Auslandseinsatz, wobei insbesondere die Aktivitäten im Zusammenhang mit der Kolonialisierung der ostafrikanischen Küste (Inbesitznahme Sansibars und Erfüllung der Erbansprüche der Schwester des Sultans, der Witwe des deutschen Kaufmanns Ruete) von Bedeutung sind. Am 20. 9. 1888 löste «Stosch» das Schwesterschiff «Stein» als Flaggschiff des Schulgeschwaders ab, das zu diesem Zeitpunkt aus «Gneisenau», «Moltke» und «Charlotte» bestand. Weitere große Überseereisen fanden 1895, 1898/99 und erneut 1902 nach Westindien statt, wo «Stosch» 1902 wegen der Maßnahmen gegen Venezuela im Rahmen der «Ostamerikanischen Kreuzerdivision» handelte. 1907 stellte das Schiff außer Dienst und wurde noch im selben Jahr an eine niederländische Firma zum Abwracken verkauft.

20

Typschiff der «Siegfried»-Klasse

Küstenpanzerschiff «Siegfried»

Schwesterschiffe: «Beowolf», «Frithjof», «Heimdall», «Hildebrand», «Hagen»

Entsprechend den Vorstellungen der kaiserlichen Marine von der Küstenverteidigung als dem wichtigsten Teil der Marinepolitik erfolgte der Bau von insgesamt 8 Küstenpanzerschiffen, die nur bedingt hochseefähig waren und über eine schwache Panzerung verfügten. Als erstes Schiff dieser Serie lief das Küstenpanzerschiff «Siegfried» am 10. 8. 1889 bei der Germania-Werft in Kiel vom Stapel. Die Indienststellung des 3741 t verdrängenden Schiffes erfolgte Anfang 1891. «Siegfried» verfügte über dreizylindrige Dreifachexpansionsmaschinen mit einer Gesamtleistung von 5022 PS, die eine Geschwindigkeit von rund 15 kn ermöglichten. In den neu entwickelten Dreifachexpansionsmaschinen dehnte sich der Dampf im Gegensatz zu den bisher verwendeten Verbundmaschinen oder doppelt wirkenden Expansionsmaschinen in aufeinanderfolgenden größeren Zylindern aus, wobei die größere Leistung durch die Kolbenstangen direkt auf die Antriebswelle übertragen wurde. Bei «Siegfried» setzte man Panzer-Verbundstahl auf Teakholz ein. Der mitgeführte Kohlenvorrat von etwa 220 bis 230 t schränkte den Aktionsradius der Schiffe von vornherein ein und war ein wesentlicher Grund für den von Admiral Tirpitz um die Jahrhundertwende angeregten Umbau dieser Schiffe. Im Sommer 1902 begann die Kaiserliche Werft Danzig mit dem Modernisierungsumbau bei «Siegfried». Alle 6 Schiffe der älteren Bauart erhielten bei dieser Modernisierung einen zweiten Schornstein und einen modernen Gefechtsmast. Durch den Einbau eines 8,4 m langen Zwischenstücks war es vor allem möglich, den Kohlevorrat auf 580 t heraufzusetzen. Alle Küstenpanzerschiffe der «Siegfried»-Klasse fielen durch die glockenartige Wölbung der Außenhaut und die runden Turmkuppeln auf. Als Hauptbewaffnung verfügte «Siegfried» über 3 Mantel-Ringkanonen vom Kaliber 240 mm und über 6, nach dem Umbau 10 Schnellfeuerkanonen vom Kaliber 88 mm. Während des Ersten Weltkrieges 1915 wurde «Siegfried» hauptsächlich im Vorpostendienst auf der Jade und Weser verwendet, später diente es als Wohnschiff für Teile der II. Matrosendivision. «Siegfried» wurde am 17. 6. 1919 aus der Liste der Kriegsschiffe gestrichen und 1920 in Kiel abgewrackt.

«Siegfried»-Klasse

Küstenpanzerschiff «Frithjof»

Schwesterschiffe: «Siegfried», «Beowolf», «Heimdall», «Hildebrand», «Hagen»

Die Abbildung zeigt das Küstenpanzerschiff «Frithjof» im Kaiser-Wilhelm-Kanal (Nord-Ostsee-Kanal) beim Passieren der Hochbrücke bei Levensau. «Frithjof» lief am 21. 7. 1891 auf der Schiffswerft A. G. Weser in Bremen vom Stapel. Die erste offizielle Indienststellung erfolgte am 23. 2. 1893 in Wilhelmshaven. Auch «Frithjof» als ein Zweischraubenschiff der «Siegfried»-Klasse verfügte über 2 stehende dreizylindrige Dreifachexpansionsmaschinen mit einer Leistung von 5250 PS. Die insgesamt 8 Schiffe der «Siegfried»-Klasse hatten eine Gürtelpanzerung von 240 mm (mit Ausnahme der «Aegir» mit 300 mm), eine Turmpanzerung von 200 mm und ihr Deck war 30 mm stark gepanzert («Odin» sogar mit 50 mm). Im Frühjahr 1902 begann die Kaiserliche Werft Kiel mit der Modernisierung der «Frithjof», wobei u.a. das Schiff einen zweiten Schornstein erhielt und der Rumpf um etwa 8 m verlängert wurde. Die ursprünglich 79 m langen Panzerschiffe verfügten nun über eine Länge von etwas über 86 m. Auch nach dem Umbau blieben die Schiffe der «Siegfried»-Klasse gut manövrierende Seeschiffe. Von 1905 bis 1909 gehörte «Frithjof» zu dem aus allen Schul- und Versuchsschiffen gebildeten «Schulverband» der Marine. Während des Ersten Weltkrieges war das Schiff bis 1916 im Vorposten- und Sicherungsdienst in der Nordsee eingesetzt. Anfang 1916 erfolgte die Außerdienststellung des Schiffes. Bis Kriegsende wurde «Frithjof» als Wohnschiff genutzt, 1919 aus der Liste der Kriegsschiffe gestrichen und danach an eine Hamburger Reederei verkauft. 1923 erfolgte der Umbau zum Motorfrachtschiff. 1930 wurde «Frithjof» in Danzig (Gdańsk) abgewrackt.

Typschiff: «Siegfried»

Küstenpanzerschiff «Odin»

Schwesterschiff: «Aegir»

Nach den ersten 6 Küstenpanzerschiffen der «Siegfried»-Klasse wurden die letzten beiden nach einem Entwurf von 1892 unter Auswertung der entstandenen Erfahrungen gebaut. Der «Aegir» folgte der Neubau «V», wozu erstmalig im Panzerschiffbau die Kaiserliche Werft Danzig herangezogen wurde. Die Kiellegung fand am 15.4.1893 statt, der Stapellauf am 3.11.1894. Nach Beendigung der Ausrüstungsarbeiten und Probefahrten wurde das Panzerschiff IV. Klasse (ab 1899 Küstenpanzerschiff) als außer Dienst befindliches Beischiff der Reserve-Division der Ostsee eingesetzt. «Odin» hatte voll ausgerüstet eine Wasserverdrängung von 3754 t. Das 79 m lange und 15 m breite Panzerschiff mit einem Tiefgang von 5,61 m verfügte über 2 Dreifachexpansionsmaschinen mit einer Leistung von 4650 PS. Die Geschwindigkeit lag bei nur 14,4 kn. Im Unterschied zum Schwesterschiff «Aegir» hatte «Odin» bis zum Umbau 1901/03 nur einen Schornstein und keine Krane. Das Küstenpanzerschiff verfügte über 3 240-mm-Mantel-Ringkanonen, 10 88-mm-Kanonen und 3 Torpedoabgangsrohre vom Kaliber 45 cm. Bei «Odin» und «Aegir» fehlten im Unterschied zu den anderen Schiffen der «Siegfried»-Klasse die Ausbauten für die 88-mm-Kanonen. 1900 nahm die «Odin» gemeinsam mit dem Torpedo-Versuchsschiff «Friedrich Carl» an Versuchen der drahtlosen Telegraphie teil. Nach dem Umbau 1903 (4292 t, 86,15 m lang, 15,4 m breit) gehörte das Schiff noch zeitweilig zum neu gebildeten II. Geschwader der Aktiven Schlachtflotte, wurde aber bereits 1904 durch das neue Linienschiff «Braunschweig» ersetzt. Während des Ersten Weltkrieges wurde das Küstenpanzerschiff 1914/1915 im Vorpostendienst der Jade und Weser bzw. Elbe eingesetzt, ab 1916 diente es als Wohnschiff für U-Bootsbesatzungen in Wilhelmshaven. «Odin» wurde am 6. 12. 1919 aus der Liste der Kriegsschiffe gestrichen, an die Firma Arnold Bernstein verkauft und auf den Deutschen Werken in Rüstringen zum Motorfrachtschiff umgebaut. «Odin» wurde 1935 abgewrackt.

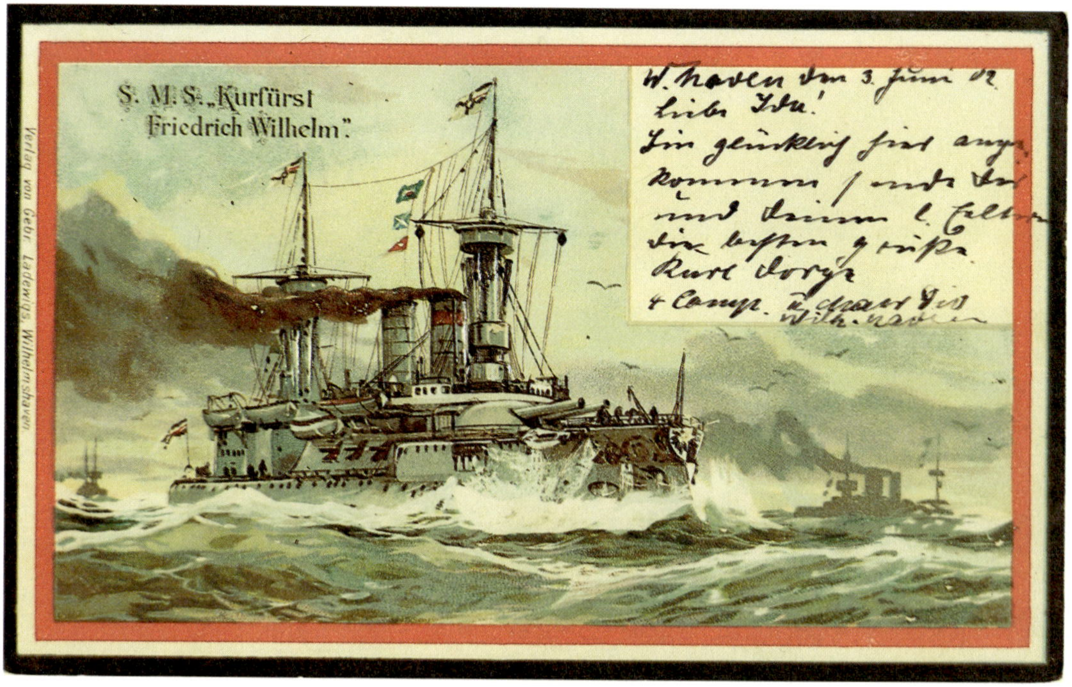

«Brandenburg»-Klasse

Linienschiff «Kurfürst Friedrich Wilhelm»

Schwesterschiffe: «Brandenburg», «Weissenburg», «Wörth»

Das Panzerschiff I. Klasse «Kurfürst Friedrich Wilhelm» war ein Typschiff der «Brandenburg»-Klasse und wurde im März 1890 auf der Kaiserlichen Werft Wilhelmshaven auf Kiel gelegt. Es war ein Panzerschiff, das eine große Anzahl technischer Neuerungen aufwies. Während «Brandenburg» und «Wörth» noch den bisher verwendeten Compoundpanzer erhielten, stattete man «Kurfürst Friedrich Wilhelm» teilweise mit den von der Firma Krupp neu entwickelten Nickelstahlpanzer aus. Die Einführung des Nickelstahlpanzers ermöglichte eine weitere allmähliche Verringerung der Panzerdicke. Die Gürtelpanzerung betrug 400 mm, die Turmpanzerung 300 mm. Zur schweren Artillerie zählten 6 280-mm-Geschütze, zur Mittelartillerie 6 105-mm-Geschütze und 8 88-mm-Schnellfeuerkanonen. Die Besatzungsstärke lag bei 568 Mann.

Zum ersten Mal im Großschiffbau wurden zahlreiche Schiffsräume durch Schotten abgetrennt, eine technische Entwicklung, die sich später im Kriegsschiffbau allgemein durchsetzte. Doppelschrauben und eine für die damalige Zeit hervorragende Ventilation der Innenräume waren ebenfalls beachtliche Neuerungen.

Nach der Indienststellung am 1. 11. 1894 und dem Setzen der Flagge durch den Chef des Marinegeschwaders Vizeadmiral Koester wurde das Schiff zum Flaggschiff der I. Division und zum Zentralpunkt der aktiven Heimatflotte. Eine Kabinettsorder vom 27. 2. 1899 legte fest, daß die Panzerschiffe I. Klasse (also die Schiffe der «Brandenburg»-Klasse) ab sofort die Bezeichnung Linienschiff zu tragen hätten. «Kurfürst Friedrich Wilhelm» zählte ab Juli 1900 gemeinsam mit anderen Schiffen zum Ostasiatischen Expeditionskorps und beteiligte sich an der Niederschlagung des sog. Boxeraufstandes in China. 1902 erfolgten, hauptsächlich auf Grund der Erfahrungen des Einsatzes in China, verschiedene Umbauten. Ab 1. 10. 1907 wurde die «Kurfürst Friedrich Wilhelm» Stammschiff der «Reserveformation der Nordsee» und unterstand der II. Marine-Inspektion. 1910 kaufte die Türkei das Linienschiff für 9 Millionen Mark und stellte es unter den Namen «Heireddin Barbarossa» in Dienst. Ein britisches U-Boot versenkte es am 8. 8. 1915 im Marmara-Meer. 253 türkische Seeleute fanden den Tod.

Typschiff der «Kaiser»-Klasse, ab 1912 «Kaiser Friedrich»-Klasse

Linienschiff «Kaiser Friedrich III.»

Schwesterschiffe: «Kaiser Wilhelm II.», «Kaiser Wilhelm der Große», «Kaiser Karl der Große», «Kaiser Barbarossa»

Ein wesentlicher Teil der Entwicklung dieser Schiffsklasse fällt noch in die Zeit vor der Verabschiedung des 1. Flottengesetzes. Konzipiert als Panzerschiff I. Klasse (ab 1899 Linienschiff) galt «Kaiser Friedrich III.» als Ersatz für die alte Panzerfregatte «Preußen». Unterschiedliche Ansichten gab es über die technische und artilleristische Ausstattung der neu zu bauenden Panzerschiffe. Erst nach einer Verzögerung von mehreren Jahren (Amtsentwurf 1892/94) kam es am 5. 3. 1895 zur Kiellegung des ersten Schiffes der «Kaiser»-Klasse auf der Wilhelmshavener Werft. Noch über 2 Jahre vergingen, bis am 7. 10. 1898 die erste Indienststellung erfolgte. Mit 4 240-mm-Geschützen der schweren Artillerie (gegenüber 6 280-mm-Geschützen der «Brandenburg»-Klasse) und 18 150-mm-Geschützen der Mittelartillerie blieb die Bewaffnung der neuen Linienschiffsklasse hinter dem bereits international verwendeten Kaliber von 300 mm zurück. Die Verstärkung der Mittelartillerie führte zu einem erheblichen Gewichtsmehrbedarf, was sich wiederum auf die Gürtelpanzerung auswirkte, so daß das Achterschiff nur durch ein Panzerdeck geschützt werden konnte. Erstmals erhielten alle Schiffe der «Kaiser»-Klasse den von Krupp entwickelten Nickelstahlpanzer. Drei stehende dreizylindrige Dreifachexpansionsmaschinen mit einer Leistung von 13 618 PS verliehen dem Linienschiff eine Geschwindigkeit von 17,2 kn. «Kaiser Friedrich III.» mit einer Wasserverdrängung von 11 785 t wurde das erste Dreischraubenlinienschiff der deutschen Flotte. Über mehrere Jahre diente das Schiff als Geschwaderflaggschiff und nahm gerade um die Jahrhundertwende einen dominierenden Platz in der deutschen Flotte ein. Während einer Übungsfahrt des I. Geschwaders kam es in der Nacht vom 1. zum 2. 4. 1901 nördlich Kap Arkona zu einer der schwersten Havarien in der Geschichte der Kaiserlichen Marine. Das Linienschiff lief auf eine bisher nicht bekannte Untiefe des Adlergrundes auf und wurde u. a. an der Steuerbordseite in einer Breite von 60 bis 70 cm und über zwei Drittel der Schiffslänge aufgerissen, blieb aber schwimmfähig und konnte mit Unterstützung Wilhelmshaven anlaufen. 1908/09 erfolgten umfangreiche Modernisierungen und Umbauten, so wurden u. a. die 4 150-mm-Kasemattgeschütze herausgenommen und die starken Gefechtsmasten ausgewechselt. Im Ersten Weltkrieg noch vorübergehend als Gefangenen-Wohnschiff verwendet, erfolgte am 6. 12. 1919 die Streichung aus der Liste der Kriegsschiffe und 1920 das Abwracken in Kiel.

Linienschiff
«Kaiser Wilhelm II.»

«Kaiser»-Klasse, ab 1912
«Kaiser-Friedrich»-Klasse
Schwesterschiffe: «Kaiser Friedrich III.»,
«Kaiser Wilhelm der Große»,
«Kaiser Karl der Große», «Kaiser Barbarossa»

Den Auftrag zum Bau des neuen Linienschiffes erhielt die Kaiserliche Werft Wilhelmshaven. Am 26.10.1896 wurde nach dem Amtsentwurf von 1892/94 der Kiel gestreckt und bereits am 14.9.1897 fand der Stapellauf statt. Nach verhältnismäßig langer Ausbauzeit stand das Linienschiff im Februar 1900 der Flotte zur Verfügung. Das neue Linienschiff erfüllte von Anfang an die Aufgabe eines speziell dafür eingerichteten Flottenflaggschiffs der Kaiserlichen Marine. Die Maschinenanlage kam bereits vollständig von der A.G. Germania, Berlin-Tegel, und bestand aus 4 Marine- und 8 Zylinder-Kesseln. Die 3 stehenden dreizylindrigen Dreifachexpansionsmaschinen erzeugten 14132 PS, was eine Geschwindigkeit von 17,6 kn zuließ. Auf Kosten der schweren Armierung (4 240-mm-Geschütze) ging die reichliche Anzahl der Mittelartillerie von 18 150-mm-Geschützen. Um die große Zahl der 150-mm-Geschütze wirksam aufstellen zu können, mußte man neben Einzel- und Doppelkasematten 6 Einzeltürme installieren, wodurch zwar eine gleichmäßige Verteilung über einen großen Teil der Schiffslänge, zugleich aber auch eine unerwünschte Zersplitterung der Geschützstände erreicht wurde. Wenn auch die Feuerkraft der Artillerie dieser Linienschiffe die der damaligen Schlachtschiffe fremder Marinen übertraf, so erwies sich der verringerte Panzerschutz bei der weiteren Entwicklung als Hemmnis. Ab 1903 gehörte «Kaiser Wilhelm II.» als ständiges Flottenflaggschiff zur sogen. Aktiven Schlachtflotte (ab 1907 «Hochseeflotte») der Kaiserlichen Marine. In den Jahren 1909/10 wurde das Linienschiff umfassend modernisiert. Bis zum 9.5.1912 fungierte «Kaiser Wilhelm II.» als Stammschiff der Reserve-Division der Ostsee, kurzzeitig unterbrochen von einer Unterstellung unter den Verband der Schul- und Versuchsschiffe. Bis zum Kriegsausbruch 1914 hat das Linienschiff keinen aktiven Dienst mehr getan. Während des Krieges erfolgten keine nennenswerte Einsätze mehr und ab 26.4.1915 wurde «Kaiser Wilhelm II.» dem Kommando der Hochseestreitkräfte als Büro- und Wohnschiff mit Sitz in Wilhelmshaven zur Verfügung gestellt. «Kaiser Wilhelm II.» blieb bis zur endgültigen Außerdienststellung am 10.9.1920 Flagg- bzw. Wohnschiff des Befehlshabers der Seestreitkräfte der Nordsee. 1921 wurde das Schiff aus der Liste der Kriegsschiffe gestrichen und in Hamburg-Altenwerder abgewrackt.

Linienschiff «Kaiser Barbarossa»

«Kaiser»-Klasse, ab 1912
«Kaiser-Friedrich»-Klasse

Schwesterschiffe: «Kaiser Friedrich III.», «Kaiser Wilhelm II.», «Kaiser Wilhelm der Große», «Kaiser Karl der Große»,

---

Den Auftrag zum Bau des Linienschiffes «A» erhielt die Schichau-Werft in Danzig. Am 3.8.1898 streckte man dort den Kiel und begann danach mit dem Bau schwerer Kampfschiffe. Beim Stapellauf am 21.4.1900 hielt der Staatssekretär des Reichsmarineamtes, Vizeadmiral Tirpitz, die Taufrede. Am 10. 6. 1901 wurde das Linienschiff in Kiel in den Dienst gestellt. Die Schiffe der «Kaiser»-Klasse waren ausgesprochen gute Seeschiffe, die gut manövrierten und drehten und deren Fahrtverluste bei Gegensee gering blieben. Eine gewisse Unsicherheit der technischen Entwicklungsmöglichkeiten zeigte sich noch bei den Kesselanlagen. Während «Kaiser Friedrich III.» und «Kaiser Barbarossa» noch britische Thornycraft-Kessel erhielten, rüstete man die folgenden Schiffe bereits mit deutschen Marine-Kesseln nach dem System Schulz der A. G. Germania Berlin-Tegel aus. Mit ihren 3 stehenden dreizylindrigen Dreifachexpansionsmaschinen brachte es das Linienschiff auf rund 13000 PS, was eine Geschwindigkeit von 17,5 kn ermöglichte. Die Bewaffnung des Linienschiffes bestand aus 4 240-mm-Geschützen, 18 150-mm-Geschützen und 12 88-mm-Geschützen. Die Baukosten für ein Schiff dieser Klasse lagen bereits bei über 20 Millionen Mark (die der «Brandenburg»-Klasse noch bei ca. 15–16 Mill. Mark). Bis zum Ersten Weltkrieg läßt sich nichts besonderes von diesem Schiff berichten. Es nahm an den planmäßigen Übungen, Manövern und Reisen teil. Von 1905 bis 1907 fanden Modernisierungsarbeiten statt, die 1910/11 fortgesetzt wurden. Während des Ersten Weltkrieges beteiligte sich «Kaiser Barbarossa» an Vorstößen in die östliche Ostsee, ab 9. 11. 1915 diente es der Torpedo-Inspektion als Zielschiff. Am 19.11.1915 stellte es in Kiel außer Dienst und wurde bis Kriegsende nach Desarmierung ab 1916 als Gefangenen-Wohnschiff in Wilhelmshaven verwendet. 1919 von der Liste der Kriegsschiffe gestrichen wurde die «Kaiser Barbarossa» in Rüstringen abgewrackt.

«Wittelsbach»-Klasse

Linienschiff «Wittelsbach»

Schwesterschiffe: «Wettin», «Zähringen», «Schwaben», «Mecklenburg»

Am 30.9.1899 streckte die Kaiserliche Werft Wilhelmshaven den Kiel für das mit Einrichtungen für einen Geschwaderstab ausgerüstete Typschiff, das im Beisein Kaiser Wilhelm II. am 3.7.1900 vom Stapel lief. Die Schiffe der «Wittelsbach»-Klasse lehnten sich eng an ihre Vorgänger, die «Kaiser Friedrich»-Klasse, an. Geringfügig waren die Maschinenstärke und die Geschwindigkeit erhöht, das Kohlefassungsvermögen vergrößert, die Panzerung und die Ruderanlagen verbessert worden. Mit Rücksicht auf eine Beschränkung des Deplacements bei den Linienschiffen der «Wittelsbach»-Klasse beließ man die Hauptartillerie bei den 4 240-mm-Geschützen. Die aus 18 150-mm-Geschützen bestehende Mittelartillerie waren in einer kurzen zentralen Batterie und in einer um den vorderen Turm herumgezogenen Kasematte für 4 Geschütze untergebracht. 12 88-mm-Geschütze vervollständigten die Bewaffnung.

Bis September 1908 versah «Wittelsbach» ununterbrochen Dienst als Geschwaderflaggschiff beim I. Geschwader. Nach der Außerdienststellung am 20.9.1910 stellte «Wittelsbach» nach einer Reservezeit von nur einem Jahr am 16.10.1911 erneut in Dienst und wurde als Stammschiff der Reservedivision der Nordsee zugeteilt. Als solches unterstand sie der II. Marine-Inspektion in Wilhelmshaven, nahm den üblichen Ausbildungsdienst eines Stammschiffes wahr und gehörte von 31.3. bis 28.4.1912 zum Lehrgeschwader. Ab 9.5. verlegte «Wittelsbach» nach Kiel, wo sie unter der I. Marine-Inspektion Stammschiff der Reservedivision der Ostsee wurde. Während des Ersten Weltkrieges waren die alten Linienschiffe, darunter auch «Wittelsbach», bei einigen Unternehmungen gegen die russische Flotte in der Ostsee eingesetzt. Am 24.8.1916 wurde sie außer Dienst gestellt und hat dann als Beischiff, ab Oktober 1917 beim als Exerzier- und Maschinenschulschiff eingesetzten Linienschiff «Lothringen» in Wilhelmshaven Dienst getan. «Wittelsbach» wurde am 8.3.1921 aus der Liste der Kriegsschiffe gestrichen, am 7.7.1921 für 3561000 Mark verkauft und abgewrackt.

«Wittelsbach»-Klasse

Linienschiff «Zähringen»

Schwesterschiffe: «Wittelsbach», «Wettin», «Schwaben», «Mecklenburg»

Für den Neubau des Linienschiffes «E», später «Zähringen», streckte die Germania-Werft in Kiel am 21.11.1899 den Kiel. Der Stapellauf fand am 12.6.1901 statt. Am 25.10.1902 stellte «Zähringen» in Dienst und wurde nach Erledigung der Erprobungen am 10.2.1903 als Ersatz für das Linienschiff «Brandenburg» in die Flotte übernommen. Einige Verbesserungen betrafen vor allem die Maschinenleistung, die Bewaffnung und die Panzerung. «Zähringen» verfügte über 3 stehende dreizylindrige Dreifachexpansionsmaschinen von 14875 PS, die dem 12798-t-Schiff eine Geschwindigkeit von maximal 17,7 kn verliehen (die «Brandenburg» mit nur rund 10000 PS erreichte 16,3 kn). Großen Wert legte man auf eine Verstärkung der Panzerung. Man verwendete nach einem Kruppschen Patent in besonderer Weise gehärtete Nickelstahlplatten, die über eine wesentlich stärkere Widerstandskraft verfügten als alle anderen bisher verwendeten Sorten (z.B. die Verbundpanzer auf der «Brandenburg»). Eine stärkere Panzerung erhielten auch die Geschütztürme (z.B. bekamen die 24er Türme eine 250-mm-Panzerung). Die Bewaffnung bestand aus 4 240-mm-Schnellfeuerkanonen, 18 150-mm-Schnellfeuerkanonen und 12 88-mm-Geschützen. Lagen die Baukosten für die «Brandenburg» noch bei etwa 15 Millionen Mark, so betrugen sie nun bereits über 22 Millionen Mark.

Während des Ersten Weltkrieges nahm das Linienschiff an verschiedenen Operationen in der Ostsee teil und versah Sicherungs- und Vorpostendienst in der Nordsee.

1916 führte «Zähringen» neben der Tätigkeit als Ausbildungs- und Exerzierschiff Übungsfahrten durch und war als Zielschiff eingesetzt. Am 11.3.1920 wurde das Linienschiff aus der Liste der Kriegsschiffe gestrichen und als Hulk in Wilhelmshaven verwendet. 1926 bis 1928 wurde «Zähringen» von der Marinewerft Wilhelmshaven zum Zielschiff umgebaut. Ende 1944 wurde das Schiff bei einem Luftangriff auf Gotenhafen (Gdynia) versenkt. Später wurde es gehoben, provisorisch abgedichtet und als Blockschiff vor der Hafeneinfahrt versenkt. 1949/50 ist das Wrack gehoben und verschrottet worden.

«Wittelsbach»-Klasse

Linienschiff «Schwaben»

Schwesterschiffe: «Wittelsbach», «Wettin», «Zähringen», «Mecklenburg»

Die Kaiserliche Werft Wilhelmshaven legte das letzte Linienschiff der «Wittelsbach»-Klasse am 14.11.1900 auf Stapel. Beim Stapellauf am 19.8.1901 hielt König Wilhelm II. von Württemberg die Taufrede. Die erste Indienststellung konnte erst am 13.4.1904 erfolgen, also nach rund 31 Monaten. Das neue Linienschiff (Amtsentwurf 1897/99) hatte voll ausgerüstet eine Wasserverdrängung von 12798 t. Die Antriebsanlage bestand aus 6 Marinekesseln, 6 querstehenden Zylinderkesseln (12 und 24 Feuer, 13,5 atü) und 3 stehenden dreizylindrigen Dreifachexpansionsmaschinen mit etwa 14394 PS Gesamtleistung. Das 126,8 m lange und 20,8 m breite Linienschiff erreichte eine Geschwindigkeit von 16,8 kn. Die Bunkerkapazität von 1800/650 t Kohle (ab Winter 1915 Ölzusatzfeuerung) ermöglichte einen Fahrbereich von 5180 sm/12 kn. «Schwaben» trat mit der Indienststellung 1904 als Ersatz für die alte Panzerfregatte «Friedrich Carl» als Torpedoversuchsschiff zur Inspektion des Torpedowesens. Damit wurde erstmals ein modernes Linienschiff als Schulschiff eingesetzt. Ab 1905 diente «Schwaben» als Artillerie-Schulschiff und löste das alte Spezialschiff «Mars» ab. Mit Beginn des Ersten Weltkrieges wurde «Schwaben» dem IV. Geschwader zugeteilt und sowohl im Sicherungs- und Vorpostendienst in der Deutschen Bucht (größtenteils in der Elbmündung) eingesetzt als auch zu Einsätzen und Unternehmen in der Ostsee herangezogen. Von Ende 1915 bis Kriegsende 1918 lag sie als Exerzier- und Maschinenschulschiff der Marinestation der Nordsee in Wilhelmshaven. 1916 wurde sie teilweise desarmiert. 1919/20 nochmals vorübergehend als Mutterschiff für flachgehende Minenräumboote bei der 6. Ostsee-Minensuchhalbflottille in Dienst gestellt, wurde «Schwaben» am 8.3.1921 aus der Liste der Kriegsschiffe gestrichen und in Kiel abgewrackt.

«Wittelsbach»-Klasse

Linienschiff «Mecklenburg»

Schwesterschiffe: «Wittelsbach», «Wettin», «Zähringen», «Schwaben»

Die A. G. Vulcan, Stettin, legte am 15. 5. 1900 als letztes der nach dem Flottengesetz von 1898 zu bauenden Linienschiffe der «Wittelsbach»-Klasse den Neubau «G» auf Stapel. Beim Stapellauf am 9. 11. 1901 nahm Großherzog Friedrich Franz IV. von Mecklenburg-Schwerin den Taufakt vor. Die Probefahrten erstreckten sich vom 28. 4. 1903 bis Mitte Dezember 1903, wonach das Schiff zum I. Geschwader der Marine (Aktive Schlachtflotte) trat. Wie alle Schiffe der «Wittelsbach»-Klasse war auch «Mecklenburg» ein vorzügliches Seeschiff mit angenehmen Bewegungen, das sich zudem auch ohne Seitenmaschinen gut manövrieren ließ. Eine Besonderheit dieser Schiffe war die gegenüber ihren Vorgängern veränderte Panzerung. So verlief das Panzerdeck nicht mehr waagerecht, sondern war innerhalb der Bordwand einige Meter abgeknickt und bis zur Unterkante des Wasserlinienpanzers herabgezogen. Die waagerechten Panzerflächen waren 50 mm stark, die Böschungen 75 mm, an besonders wichtigen Stellen sogar bis 120 mm stark. Der Wasserlinienpanzer war maximal 225 mm stark, auf 100 mm Teakholz. 14 statt bisher 12 wasserdichte Abteilungen gaben den Schiffen dieser Klasse mehr Sicherheit. 1916 diente «Mecklenburg» als Gefangenen-Wohnschiff in Kiel, ab 1918 als Wohnschiff für U-Boot-Besatzungen. Am 25. 1. 1920 wurde das Linienschiff aus der Liste der Kriegsschiffe gestrichen, am 16. 8. 1921 für 1 750 000 M verkauft und in Kiel abgewrackt.

Typschiff der «Braunschweig»-Klasse

Linienschiff «Braunschweig»

Schwesterschiffe: «Elsass», «Hessen», «Preussen», «Lothringen»

Auf Grund des zweiten Flottengesetzes vom 12.6.1900 wurden im Reichsmarineamt 1900/1901 die Pläne für eine weitere Gruppe von Großkampfschiffen erarbeitet. Das neue Flottengesetz legte den künftigen Sollbestand der Flotte auf 38 Linienschiffe, 14 Große Kreuzer und 38 Kleine Kreuzer fest. Für das erste Schiff der Klasse neuer Linienschiffe, für die spätere «Braunschweig», wurde am 24.10.1901 der Kiel gestreckt. Schon am 20.12.1902 fand der Stapellauf statt. Die Baukosten betrugen 23,983 Millionen Mark. Die neuen Schiffe erhielten je 4 280-mm-Geschütze, wie sie die «Brandenburg»-Klasse bereits hatte, jedoch waren die jetzigen in Einzeltürmen armierten Geschütze eine Weiterentwicklung mit höherer Salvenfolge und größerer Sprengkraft. Die 14 170-mm-Geschütze waren weitgehend in Kasematten aufgestellt. 18 Geschütze verfügten über ein Kaliber von 88 mm. Drei stehende dreizylindrige Dreifachexpansionsmaschinen mit einer Leistung von 17705 PS verliehen den Linienschiffen der «Braunschweig»-Klasse eine Geschwindigkeit von 18,7 kn. Äußerlich unterschieden sich diese 14394 t verdrängenden Schiffe von ihren Vorgängern auch durch die drei Schornsteine. Den Quellen zur Folge ließen sich die Schiffe dieser Klasse ausgezeichnet manövrieren. Die Besatzungsstärke lag bei 743 Mann. Bis 1912 war «Braunschweig» hauptsächlich an Verbands- und Flottenübungen und an den obligatorischen Reisen der Flotte bzw. des Geschwaders beteiligt. Während des Ersten Weltkrieges nahm das Schiff an Operationen in der Ostsee teil und versah Vorposten- und Sicherungsdienst in der Nordsee. 1916/17 lag «Braunschweig» in Kiel und diente als Rekrutenausbildungsschiff. Am 20. 8. 1917 wurde es außer Dienst gestellt und diente bis Kriegsende als Wohnschiff.

Das alte Schiff gehörte zu den der Reichsmarine der Weimarer Republik belassenen Linienschiffen und wurde nach einer geringfügigen Modernisierung 1921 erneut in Dienst gestellt. 1931 wurde es aus der Liste der Kriegsschiffe gestrichen und abgewrackt.

«Braunschweig»-Klasse

Linienschiff «Elsass»

Schwesterschiffe: «Braunschweig», «Hessen», «Preussen», «Lothringen»

Als zweites Schiff der nach dem Amtsentwurf 1900/01 gebauten «Braunschweig»-Klasse lief am 26. 5. 1903 in Danzig der Neubau «J» vom Stapel. Bereits am 26. 10. 1904 wurde das Schiff unter Werftflagge von Danzig nach Kiel überführt, um in Kiel am 29. 11. 1904 erstmals Flagge und Wimpel zu setzen. «Elsass» wurde dem II. Geschwader zugeteilt und nahm hier den bisher vom Küstenpanzerschiff «Frithjof» eingenommenen Platz ein. Von 1905 bis 1911 war «Elsass» hauptsächlich an Geschwaderübungen der Flotte, an Flottenübungen und Atlantikreisen beteiligt. Anfang Oktober 1911 trat «Elsass» zum I. Geschwader mit Hauptliegehafen Wilhelmshaven. Im Jahre 1912 wechselte das Linienschiff mehrmals die Verbände der Flotte, auch die Besatzung wurde wiederholt reduziert und aufgefüllt. Nach Übernahme des Linienschiffes «Kaiserin» in den regulären Flottendienst wurde am 13. 5. 1913 Flagge und Wimpel niedergeholt und «Elsass» trat als außer Dienst befindliches Beischiff zur Reserve-Division der Ostsee. Mit Beginn des Ersten Weltkrieges gehörte «Elsass» zum IV. Geschwader und war 1914/15 hauptsächlich an Operationen in der Ostsee beteiligt. Nach kurzer Werftliegezeit trat «Elsass» am 25. 7. 1916 als Ausbildungsschiff zur I. Marineinspektion. Nach geringfügigen Umbauten wurde das Schiff noch im Oktober 1918 als Seekadettenschulschiff eingesetzt. Nach dem Ersten Weltkrieg verblieb das Schiff der Reichsmarine und wurde nach Modernisierungen am 15. 2. 1924 wieder in Dienst gestellt. 1930 ging die aktive Dienstzeit des Schiffes zu Ende. Am 25. 2. 1930 stellte es außer Dienst, wurde 1931 aus der Liste der Kriegsschiffe gestrichen und 1936 in Bremerhaven abgewrackt.

«Braunschweig»-Klasse

Linienschiff «Hessen»

Schwesterschiffe: «Braunschweig», «Elsass», «Preussen», «Lothringen»

Als die Germania-Werft in Kiel am 15.4.1902 mit dem Bau des Linienschiffes «Hessen» begann, war dies der Anfang eines Schiffslebenslaufes, der fast 60 Jahre im Marinedienst währen sollte. Nach Stapellauf (18. 9. 1903) und Indienststellung (19. 9. 1905) wurde das Schiff dem II. Geschwader der Kaiserlichen Marine zugeteilt. Die Bewaffnung des Schiffes bestand aus 4 280-mm-Geschützen, 14 Geschützen vom Kaliber 170 mm und 20 Geschützen mit einem Kaliber von 88 mm. Es verfügte über 6 Torpedorohre (16 Torpedos) vom Kaliber 45 cm. 3 stehende dreizylindrige Dreifachexpansionsmaschinen mit einer Leistung von 16 486 PS gaben dem Schiff eine Geschwindigkeit von 18,2 kn. Enorm verbessert wurde die Panzerung dieser Schiffsklasse. Der Kommandoturm vorn erhielt eine Panzerdicke von 300 mm, die 28er Türme bestanden aus 250-mm-Kruppstahl und die Kasematten waren 150 mm stark gepanzert. Bei Beginn des Ersten Weltkrieges war «Hessen» das älteste Linienschiff in einem aktiven Geschwader. «Hessen» nahm ohne Verluste und Beschädigungen an der Seeschlacht vor dem Skagerrak (31.5./1.6.1916) teil. Zusätzlich wurden 1916 2 Ballonabwehrgeschütze eingebaut. Ende 1916 wurde das Linienschiff desarmiert und außer Dienst gestellt. Nach dem Ersten Weltkrieg brauchte «Hessen» nicht ausgeliefert zu werden, verblieb in Reserve und wurde 1925 nach einigen Modernisierungen und der erneuten Armierung der Reichsmarine übergeben. Obwohl «Hessen» am 31. 3. 1935 aus der Liste der Kriegsschiffe gestrichen worden war, begann nur wenig später die Marinewerft Wilhelmshaven mit dem Umbau zum ferngelenkten Zielschiff (u. a. wurden 2 Schornsteine und die Masten entfernt). Ab 1937 gehörte «Hessen» zum Fernlenkverband und wurde bis zum Ende des Zweiten Weltkrieges als Zielschiff eingesetzt.

Nach dem Zweiten Weltkrieg wurde das Zielschiff «Hessen» an die Sowjetunion übergeben.

«Braunschweig»-Klasse

Linienschiff «Preussen»

Schwesterschiffe: «Braunschweig», «Elsass», «Hessen», «Lothringen»

Von den 5 Linienschiffen der «Braunschweig»-Klasse hatte die A. G. Vulcan in Stettin den Auftrag für den Neubau «K» erhalten, für den sie im April 1902 den Kiel streckte. Am 30. 10. 1903 fand der Stapellauf statt. «Preussen», eingerichtet für einen Geschwaderstab, wurde am 12. 7. 1905 in Dienst gestellt. Nach den Erprobungen trat das Linienschiff zum II. Geschwader und versah für rund 10 Jahre den Dienst als Geschwaderflaggschiff. Bei Kriegsausbruch 1914 bestand das Geschwader aus «Preussen» (Geschwaderflaggschiff), «Schlesien», «Hessen», «Lothringen», «Hannover» (Flaggschiff des 2. Admirals), «Schleswig-Holstein», «Pommern» und «Deutschland». Das II. Geschwader wurde hauptsächlich im Vorposten- und Sicherungsdienst in der Deutschen Bucht eingesetzt. «Preussen» verließ am 16. 3. 1917 die Elbmündung, wurde noch kurz in der Ostsee vor Swinemünde zur Eishilfe eingesetzt, und am 8. 5. 1917 außer Dienst gestellt. Die Besatzung ging zum größten Teil auf das Schlachtschiff «Hindenburg» über. «Preussen» wurde desarmiert und bis Kriegsende als Beischiff der III. U-Flottille in Wilhelmshaven verwendet. Anfang 1919 wurde das Schiff zum Mutterschiff für flachgehende Minenräumboote (F-Boote) umgebaut. 1929 aus der Liste der Kriegsschiffe gestrichen wurde das Schiff zwei Jahre später zum Abwracken verkauft. Ein 63 m langes Stück der Mittschiffssektion diente der Marine als Sprengziel für Torpedos und Minen (Spitzname: S. M. S. Vierkant). Es wurde 1945 durch Fliegerbomben versenkt.

«Braunschweig»-Klasse

Linienschiff «Lothringen»

Schwesterschiffe: «Braunschweig», «Elsass», «Hessen», «Preussen»

Als letztes Linienschiff der «Braunschweig»-Klasse wurde der Neubau «M» am 1. 12. 1902 bei der Schichau-Werft, Danzig, auf Stapel gelegt. Der Stapellauf erfolgte am 27. 5. 1904. Am 18. 5. 1906 stellt «Lothringen» erstmalig in Dienst und wurde wenig später in das II. Geschwader der Aktiven Schlachtflotte eingereiht. Das Schlachtschiff war in den folgenden Jahren an allen Reisen, Übungen und Manövern dieses Verbandes beteiligt. «Lothringen» hatte voll ausgerüstet eine Wasserverdrängung von 14394 t. Bewaffnet war das Schiff mit 4 280-mm-Geschützen der schweren Artillerie, 14 170-mm-Geschützen und 18 88-mm-Kanonen. Weiterhin gab es an Bord 4 37-mm-Maschinenkanonen und 6 Torpedoabgangsrohre vom Kaliber 45 cm. 1916 wurde die schwere Artillerie von Bord gegeben und ein Jahr später erfolgte eine vollständige Desarmierung. Zu Beginn des Ersten Weltkrieges war «Lothringen» an den Unternehmungen des Geschwaders im Rahmen der Hochseeflotte und am Sicherungs- und Vorpostendienst in der Nordsee beteiligt. 1916/17 wurde das Linienschiff noch einige Zeit zur Sundbewachung eingesetzt. Bis Kriegsende erfolgte dann noch ein weiterer Einsatz als Exerzier- und Maschinenschulschiff in Wilhelmshaven. Anfang 1919 wurde das Schiff auf der Reichswerft Wilhelmshaven zum Mutterschiff für flachgehende Minenräumboote umgebaut. Nach Kriegsende in die Reichsmarine übernommen verblieb das Schiff nach der Außerdienststellung am 2. 3. 1920 in Reserve, bis es mit Wirkung vom 31. 3. 1931 aus der Liste der Kriegsschiffe gestrichen wurde. 1931 wurde das Schiff abgewrackt.

Typschiff der «Deutschland»-Klasse

Linienschiff «Deutschland»

Schwesterschiffe: «Hannover», «Pommern», «Schlesien», «Schleswig-Holstein»

Am 20.7.1903 wurde für den Neubau «N» auf der Germania-Werft der Kiel gestreckt. Der Stapellauf fand am 19.11.1904 statt. Die Indienststellung der «Deutschland» erfolgte am 3. 8. 1906. Die 5 Schiffe der «Deutschland»-Klasse ähnelten weitgehend ihren Vorgängern, der «Braunschweig»-Klasse. Verbesserungen gab es bei den neuentwickelten Decksverbänden und den Geschützunterbauten. Angesichts des sich bereits klar abzeichnenden Trends zur Entwicklung von Großkampfschiffen (Stapellauf des britischen Schlachtschiffes «Dreadnought» am 10. 2. 1906) war die Entwicklung dieser Linienschiffe äußerst umstritten. Das voll ausgerüstete 14218-t-Linienschiff, versehen mit 3 stehenden dreizylindrigen Dreifachexpansionsmaschinen mit einer Leistung von rund 18500 PS, erreichte eine Geschwindigkeit von etwa 18 kn. An schwerer Artillerie standen wie bei den Schiffen der «Braunschweig»-Klasse 4 280-mm-Geschütze zur Verfügung. Die 14 170-mm-Geschütze der Mittelartillerie waren in Einzelkasematten untergebracht. Daneben gab es noch 20 88-mm-Kanonen. Auffällig bei den Schiffen der «Deutschland»-Klasse waren die «Schwalbennester». Von 1906 bis 1913 versah die «Deutschland» Dienst als Flottenflaggschiff im II. Geschwader der Hochseeflotte (bis 16.2.1907 «Aktive Schlachtflotte»). Während des Ersten Weltkrieges war «Deutschland» meist im Vorposten- und Sicherungsdienst in der Nordsee und Ostsee eingesetzt. An der Skagerrak-Schlacht am 31.5./1.6.1916 nahm das Linienschiff im Verband des II. Geschwaders teil. Verluste gab es nicht. Im Laufe des Jahres 1917 wurden die unmodernen Linienschiffe der «Deutschland»-Klasse aus dem Einsatz herausgezogen. Nach der Außerdienststellung der «Deutschland» (10.9.1917) erfolgte der Ausbau der Geschütze. Das Schiff wurde nach Wilhelmshaven verlegt und diente dort bis Kriegsende als Wohnschiff. Am 25.1.1920 wurde es aus der Liste der Kriegsschiffe gestrichen und bis 1922 in Wilhelmshaven abgewrackt.

«Deutschland»-Klasse

Linienschiff «Pommern»

Schwesterschiffe: «Deutschland», «Hannover», «Schlesien», «Schleswig-Holstein»

Das dritte Schiff der «Deutschland»-Klasse, Neubau «O», wurde von der Stettiner Vulcan-Werft am 22. 3. 1904 auf Stapel gelegt. Am 2. 12. 1905 fand der Stapellauf statt. Die Indienststellung erfolgte am 6.8.1907. «Pommern» erhielt wie die anderen Schiffe der «Deutschland»-Klasse 3 stehende dreizylindrige Dreifachexpansionsmaschinen und zusätzlich eine Kohle-/Ölfeuerung, was ein bedeutender technischer Fortschritt darstellte. Das Linienschiff hatte eine Wasserverdrängung von rund 13 200 t; die Maschinenanlage mit einer Leistung von über 16 000 PS erlaubte eine Geschwindigkeit von gut 18,0 kn. Bei den Erprobungen erreichte das Schiff sogar 19,26 kn. Der Kohlenvorrat betrug 1 800 t. An schwerer Artillerie standen 4 280-mm-Geschütze, an mittlerer Artillerie 14 170-mm-Geschütze und weitere 20 88-mm-Kanonen zur Verfügung. Außerdem gab es 1 Heck-, 4 Seiten- und 1 Bugtorpedorohr mit einem Kaliber von 450 mm (insgesamt 16 Torpedos). 1908 bis 1913 beteiligte sich das Linienschiff an allen Fahrten, Übungen und Manövern der Flotte. Mit Beginn des Ersten Weltkrieges stand «Pommern» beim II. Geschwader unter Vizeadmiral R. Scheer. In der Skagerrak-Schlacht kam sie in der Nacht vom 31. 5. zum 1. 6. 1916 in Gefechtsberührung mit dem britischen 12. Zerstörergeschwader, erhielt einen Torpedotreffer und nahm die gesamte Besatzung (839 Mann) mit in die Tiefe.

«Deutschland»-Klasse

Linienschiff «Schlesien»

Schwesterschiffe: «Deutschland», «Hannover», «Pommern», «Schleswig-Holstein»

Den Auftrag zum Bau des Linienschiffes «R» erhielt die Schichau-Werft in Danzig. Die Kiellegung fand am 19. 11. 1904 statt. Am 28.5.1906 lief der Neubau in Anwesenheit Kaiser Wilhelms II. vom Stapel. Knapp zwei Jahre später, am 5.5.1908 erfolgte die Indienststellung. Die eingebauten 3 stehenden dreizylindrigen Dreifachexpansionsmaschinen mit einer Leistung von 21 818 PS verliehen dem 14 218-t-Schiff eine Geschwindigkeit von rund 18 kn. Während des Ersten Weltkrieges war «Schlesien» im Vorposten- und Sicherungsdienst in der Ostsee und Nordsee und zeitweise als Zielschiff für U-Boote eingesetzt. Ab Winter 1915 erhielt «Schlesien» eine Ölzusatzfeuerung. Das Schiff nahm an der Seeschlacht vor dem Skagerrak am 31.5./1.6.1916 teil. Danach wurde «Schlesien» als Rekrutenausbildungs- und Heizerschulschiff und nach einem Umbau in Wilhelmshaven bis Kriegsende als Schulschiff für Seekadetten eingesetzt. 1926/27 erfolgte ein großer Modernisierungsumbau, hierbei veränderte man u. a. die Silhouette des Schiffes durch Entfernung des vorderen Schornsteines und Einbau eines Gefechtsmastes. Ab 1935 diente «Schlesien» erneut als Kadettenschulschiff. Auch während des Zweiten Weltkrieges kam das über 33 Jahre alte Schiff noch zum Einsatz. Anfang Mai 1945 wurde die nicht mehr einsatzbereite «Schlesien» von der eigenen Besatzung in Swinemünde gesprengt.

«Deutschland»-Klasse

Linienschiff «Schleswig-Holstein»

Schwesterschiffe: «Deutschland», «Hannover», «Pommern», «Schlesien»

Die Kiellegung zum Bau des Linienschiffes «Q» erfolgte am 18. 8. 1905 auf der Germania-Werft in Kiel. Als letztes deutsches Vor-«Dreadnought»-Linienschiff lief es am 17. 12. 1906 vom Stapel. Nach der Indienststellung am 6. 7. 1908 kam die rund 14 200 t verdrängende «Schleswig-Holstein» zum II. Geschwader. Im Ersten Weltkrieg wurde «Schleswig-Holstein» im Vorposten- und Sicherungsdienst in der Nordsee eingesetzt. 1914, 1915 und 1916 war das Schiff an verschiedenen Flottenunternehmen beteiligt. Zum letzten großen Einsatz während des Krieges kam das Schiff in der Seeschlacht vor dem Skagerrak am 31. 5./1. 6. 1916. Dabei erhielt es einen Treffer in die VI. Kasematte (3 Tote, 8 Verwundete). Vorübergehend als Zielschiff für U-Boote fahrend, stellte «Schleswig-Holstein» am 2. 5. 1917 außer Dienst und diente der V. U-Bootsflottille als Bei- und Wohnschiff. Ab 1918 lag sie als Wohnschiff in Kiel. Entsprechend Artikel 181 des Versailler Vertrages brauchten u. a. die 4 Linienschiffe der «Deutschland»-Klasse nicht ausgeliefert zu werden, so daß auch die «Schleswig-Holstein» durch die Reichsmarine übernommen sowie 1925/26 und 1927/28 modernisiert und umgebaut werden konnte. Beim letzten Umbau wurde der erste Schornstein abgebaut und die später bekannte Silhouette des Kriegsschiffes geschaffen. Ab 1936 unterstand «Schleswig-Holstein» als Schulschiff der Inspektion des Bildungswesens der Kriegsmarine. Drei Jahre später, am 1. 9. 1939, eröffnete die «Schleswig-Holstein» mit ihren Salven auf die Westerplatte den Zweiten Weltkrieg.

«Schleswig-Holstein» sank am 18. 12. 1944 nach Luftangriff in Gotenhafen (Gdynia).

Später wurde das Schiff gehoben und in Tallinn abgewrackt.

Typschiff der «Nassau»-Klasse

Schlachtschiff «Nassau»

Schwesterschiffe: «Westfalen», «Rheinland», «Posen»

Die Entwicklung der «Nassau»-Klasse war ein entscheidender Einschnitt in der deutschen Marinegeschichte. Mit den Schiffen der «Nassau»-Klasse versuchte Deutschland den Übergang zur «Dreadnought»-Klasse, d.h. zum sogen. Schlachtschiff, zu vollziehen und den Anschluß an die britischen Großkampfschiffe z. B. der «Bellerophon»- und «St. Vincent»-Klasse zu schaffen. Die größeren, schwerer bewaffneten, besser geschützten und mit Maschinenanlagen von gesteigerter Leistung versehenen Schiffe machten die Bereitstellung hoher finanzieller Mittel sowohl für den Bau des Schiffes als auch für die Nachfolgeeinrichtungen erforderlich. Allein die veranschlagten Baukosten der neuen Schiffe lagen bei rund 37 Millionen Mark («Deutschland»-Klasse nur rund 23 Millionen Mark). Erhebliche Meinungsverschiedenheiten gab es hinsichtlich der Kaliberstärke. Letztendlich entschied man sich für ein schweres Kaliber von 280 mm. Ende März 1906 bewilligte der Reichstag 4 Schiffe des neuen Typs. Am 22.7.1907 wurde auf der Kaiserlichen Werft in Wilhelmshaven der Kiel gestreckt (Ersatz «Bayern»). Der Stapellauf fand am 7.3.1908, die Indienststellung nur 19 Monate später am 1.10.1909 statt. Das vollausgerüstete 20 000-t-Schlachtschiff, versehen mit 3 stehenden Dreifachexpansionsmaschinen mit einer Leistung von über 26 000 PS, erreichte eine Geschwindigkeit von rund 20 kn. «Nassau» erhielt an schwerer Artillerie 12 280-mm-Geschütze, untergebracht in 6 Doppeltürmen, an mittlerer Artillerie 12 150-mm-Geschütze und dazu noch 16 88-mm-Geschütze. Mit der von Krupp bereitgestellten neuen Panzersprenggranate war die 280-mm-Artillerie den britischen 305-mm-Schiffsgeschützen fast gleichwertig. Während des Ersten Weltkrieges war «Nassau», nur unterbrochen durch Werftliegezeiten, an allen entscheidenden Flotteneinsätzen beteiligt. Sie erhielt im Juli 1915 Ölzusatzfeuerung eingebaut, war u.a. im August 1915 am Vorstoß in den Rigaischen Meerbusen und am 31.5./1.6.1916 an der Seeschlacht vor dem Skagerrak beteiligt (2 Treffer, 11 Tote, 16 Verwundete). Die Außendienststellung des Schiffes erfolgte am 5.11.1919. Das älteste deutsche Großkampfschiff wurde als Reparationsschiff «B» an Japan ausgeliefert, danach an eine britische Firma verkauft und im Sommer 1920 abgewrackt.

«Nassau»-Klasse

Schlachtschiff «Westfalen»

Schwesterschiffe: «Nassau», «Rheinland», «Posen»

Für «Westfalen» (Ersatz «Sachsen») wurde am 12. 8. 1907 auf der A. G. Weserwerft in Bremen der Kiel gestreckt. Als zweites Schiff der «Nassau»-Klasse lief es am 1. 7. 1908 vom Stapel. Nach der Indienststellung am 16. 11. 1909 gehörte «Westfalen» zum I. Geschwader der Marine. Die 3 stehenden dreizylindrigen Dreifachexpansionsmaschinen erreichten 26 792 PS, was eine Geschwindigkeit von 20,2 kn zuließ. Die Wasserverdrängung des voll ausgerüsteten Schiffes betrug 20 535 t. «Westfalen» verfügte über 2 280-mm-Zwillingstürme vorn und achtern und je 2 auf beiden Seitendecks; im Gegensatz zu der «Dreadnought» verzichtete man jedoch nicht auf eine Mittelartillerie und gab den Schiffen der «Nassau»-Klasse 12 150-mm-Kanonen neben einer weiteren Batterie von 16 88-mm-Geschützen. Die Besatzungsstärke lag bei 1 008 Mann. Während des Ersten Weltkrieges nahm das Schiff an Einsätzen des I. Geschwaders der Kaiserlichen Marine teil, insbesondere an Unternehmen im Rigaischen Meerbusen. Erwähnenswert ist die Teilnahme an der Seeschlacht vor dem Skagerrak am 31. 5./1. 6. 1916, die das Schiff ohne nennenswerte Verluste und Beschädigungen überstand (2 Tote). Anfang 1918 war das Linienschiff an einem Unternehmen zur Niederschlagung der in Südfinnland gebildeten Sowjetmacht beteiligt. Kurze Zeit noch als Artillerie-Schulschiff (1. 9. 1918) im Einsatz wurde «Westfalen» am 5. 11. 1919 aus der Liste der Kriegsschiffe gestrichen und als Reparationsschiff «D» an Großbritannien ausgeliefert (5. 8. 1920). In Birkenhead wurde sie 1924 abgewrackt.

«Nassau»-Klasse

Schlachtschiff «Rheinland»

Schwesterschiffe: «Nassau», «Westfalen», «Posen»

Von den vier Schiffen der ersten Schlachtschiffklasse vergab das Reichsmarineamt am 16. 11. 1906 den letzten Neubau, Ersatz «Württemberg», an die Vulcan-Werft in Stettin. Nachdem am 1. 6. 1907 der Kiel gestreckt worden war, lief das Schiff am 26. 9. 1908 vom Stapel. Mit Werftbesatzung wurden vom 23. 2. bis 4. 3. 1910 Erprobungen in der Swinemünder Bucht vorgenommen und das Schiff nach Kiel überführt, wo es am 30. 4. 1910 der Flotte übergeben wurde. Das Schlachtschiff mit einer Wasserverdrängung von etwas über 20 000 t war wie alle Schiffe der «Nassau»-Klasse 146,1 m lang, 26,9 m breit und hatte einen Tiefgang von 8,76 m. Sie ließen sich zwar gut manövrieren, waren aber nur mittelmäßige Seeschiffe, die sehr leicht schlingerten. Während des Ersten Weltkrieges handelte «Rheinland» im I. Geschwader gemeinsam mit «Friedrich der Große», «Baden» und «Ostfriesland». In der Seeschlacht vor dem Skagerrak am 31. 5./1. 6. 1916 erhielt «Rheinland» im Nachtgefecht 2 15-cm-Treffer in den vorderen Schornstein. Es gab 10 Tote und 20 Verwundete. Am 22. 2. 1918 wurden «Rheinland» und «Westfalen» dem Sonderverband der Marine (Finnlandunternehmen) zugeteilt. Anfang April 1918 lief das Schlachtschiff bei Nebel auf Grund (2 Tote) und konnte erst nach starkem Leichtern sowie nach Entfernen aller Panzerplatten und Geschütze (insges. 6 400 t) am 9. 7. abgeborgen und eingeschleppt werden. Das Schiff stellte am 4. 10. 1918 offiziell außer Dienst. Anschließend wurde «Rheinland» noch als Wohnschiff benutzt und 1919 aus der Liste der Kriegsschiffe gestrichen. «Rheinland» wurde als Reparationsschiff «F» nach Dordrecht verkauft und dort 1920/21 abgewrackt.

«Nassau»-Klasse

Schlachtschiff «Posen»

Schwesterschiffe: «Nassau», «Rheinland», «Westfalen»

Den Bauauftrag für Ersatz «Baden» erhielt die Germania-Werft in Kiel. Der Stapellauf des Schiffes fand am 12. 12. 1908 statt. Nach der Abnahmeprobefahrt und der Endausrüstung bei der Kaiserlichen Werft in Kiel stellte «Posen» am 31. 5. 1910 in Dienst. Als ein Schiff der «Nassau»-Klasse verfügte «Posen» (ab Winter 1915 Ölzusatzfeuerung) über eine Maschinenleistung von 28 117 PS, die dem Schlachtschiff eine Geschwindigkeit von gut 20,0 kn ermöglichten. Die Baukosten der «Posen» lagen bei über 36 Millionen Mark. Das Schlachtschiff verfügte über 12 280-mm-Geschütze der schweren Artillerie und über 12 150-mm-Geschütze der mittleren Artillerie. Den Ersten Weltkrieg machte «Posen» als Flaggschiff des 2. Admirals des I. Geschwaders mit. Im August 1915 war «Posen» am Einbruch deutscher Seestreitkräfte in den Rigaischen Meerbusen beteiligt. Bis Ende 1917 war das Linienschiff, abgesehen vom Einsatz in der Seeschlacht vor dem Skagerrak, hauptsächlich im Vorposten- und Sicherungsdienst in der Nordsee eingesetzt. Im März 1918 wurde «Posen» dem Sonderverband der Kaiserlichen Marine zur Niederschlagung der Sowjetmacht in Finnland zugeteilt. Das Landungskorps des Schiffes nahm am 13./14. 4. 1918 an der Besetzung von Helsingfors (Helsinki) teil (4 Tote, 12 Verwundete). Am 16. 12. 1918 wurde das Schiff in Wilhelmshaven außer Dienst gestellt. Entsprechend der Nachforderungen der Siegermächte des Ersten Weltkrieges erfolgte am 5. 11. 1919 die Streichung aus der Liste der Kriegsschiffe und die Auslieferung an Großbritannien. 1922 wurde das Schiff abgewrackt.

Typschiff der «Helgoland»-Klasse

Schlachtschiff «Helgoland»

Schwesterschiffe: «Ostfriesland», «Thüringen», «Oldenburg»

Das Linienschiff «Helgoland» (Ersatz «Siegfried») wurde von den Howaldtswerken Kiel im Herbst 1908 auf Stapel gelegt. Der Stapellauf erfolgte am 25. 9. 1909, die Indienststellung am 23. 8. 1911. Im Unterschied zu den teilweise noch im Bau bzw. in der Ausrüstung befindlichen Schiffen der «Nassau»-Klasse verfügten die neuen Schlachtschiffe der «Helgoland»-Klasse über eine etwa 4 000 t größere Wasserverdrängung und über eine erhebliche Steigerung der Artilleriebewaffnung. Außerdem hatten sie drei Schornsteine. 3 stehende vierzylindrige Dreifachexpansionsmaschinen mit 31 258 PS verliehen dem Schlachtschiff «Helgoland» eine Geschwindigkeit von 20,8 kn. Die rund 24 700 t verdrängenden Schiffe der «Helgoland»-Klasse waren den Quellen zufolge gut manövrierende Seeschiffe, deren Fahrtverluste auch bei Seegang gering blieben. Die Baukosten des Typschiffs «Helgoland» lagen bei über 46 Millionen Mark. Auffällig waren die 12 305-mm-Geschütze, die sich in gewaltigen Geschütztürmen aus 300 mm starkem Panzerstahl befanden. Außer dieser Artilleriebewaffnung gab es noch 14 150-mm-Geschütze, 14 88-mm-Geschütze und 6 Torpedorohre (50 cm). Die Besatzungsstärke lag bei 1 113 Mann.

Während des Ersten Weltkrieges nahm «Helgoland» an verschiedenen Operationen in der Ostsee und in der Nordsee teil, so u. a. an der Seeschlacht vor dem Skagerrak (31. 5./1. 6. 1916). Dabei erhielt «Helgoland» einen Treffer in das Vorschiff. Bis Kriegsende stand sie meist im Sicherungs- und Vorpostendienst in der Ostsee.

Auf Grund der Bedingungen des Versailler Vertrages wurde «Helgoland» als Reparationsschiff «K» an Großbritannien ausgeliefert. 1924 wurde sie in Morecambe abgewrackt.

«Helgoland»-Klasse

Schlachtschiff «Ostfriesland»

Schwesterschiffe:
«Helgoland», «Thüringen», «Oldenburg»

Die «Ostfriesland» (Ersatz Panzerkorvette «Oldenburg») lief am 30.9.1909 auf der Kaiserlichen Werft Wilhelmshaven vom Stapel und wurde am 1.8.1911 in den Flottendienst übernommen. Auch der Bau der Linienschiffe der «Helgoland»-Klasse war ebenso wie der Bau der «Kaiser»-Klasse als Antwort auf die britischen «Dreadnought's» gedacht. Wie die Schwesterschiffe wurde auch «Ostfriesland» von 3 stehenden vierzylindrigen Dreifachexpansionsmaschinen angetrieben, die auf eine Leistung von 35500 PS kamen. Zu den 15 Marinekesseln kam ab Winter 1915 eine Ölzusatzfeuerung. Etwa 3200 t Kohle befanden sich in den Bunkern dieser Schiffsklasse. Bei einer Durchschnittsgeschwindigkeit von 18 kn erlaubte dieser Vorrat etwa eine Fahrstrecke von 3600 sm zurückzulegen. Die Bewaffnung bestand aus 12 305-mm-Geschützen schwerer Artillerie, 14 150-mm-Geschützen der Mittelartillerie und 14 Geschützen vom Kaliber 88 mm. Ab 1914 gab es statt den 14 88-mm-Geschützen nur noch 12 88-mm-Geschütze. «Ostfriesland» erhielt dafür 2 88-mm-Flak-Geschütze, die sogen. Ballonabwehrgeschütze. An herausragenden Operationen während des Ersten Weltkrieges ist die Teilnahme an der Seeschlacht vor dem Skagerrak (31.5./1.6.1916) zu nennen. «Ostfriesland» schoß dabei einen britischen Zerstörer in Brand und beschädigte den Panzerkreuzer «Defence» schwer. Im August 1918 wurde «Ostfriesland» einem Sonderverband, bestehend aus den Schiffen «Thüringen», «Nassau» und dem Aviso «Blitz», zugeteilt. Dieser Schiffsverband sollte in der Aktion «Schlußstein» Petersburg und Kronstadt besetzen. Das Unternehmen kam nicht mehr zur Ausführung. Am 6.11.1918 übernahmen revolutionäre Matrosen und Heizer die Befehlsgewalt über das Schiff und setzten die rote Flagge. Vom 21.–25.11. wurde «Ostfriesland» in Wilhelmshaven desarmiert und am 16.12.1918 außer Dienst gestellt. Am 9.4.1920 übernahm die US-Navy das Schiff als Reparationsschiff «H» und überführte es in die USA. Hier wurde es als Zielschiff für Bombenversuche eingesetzt und bei einem Versuch vor Cape Henry (Virginia) am 21.7.1921 durch schwerste Fliegerbomben versenkt.

«Helgoland»-Klasse

Schlachtschiff «Thüringen»

Schwesterschiffe: «Helgoland», «Ostfriesland», «Oldenburg»

Als drittes Schiff der «Helgoland»-Klasse lief am 27. 11. 1909 die am 2. 11. 1908 auf Stapel gelegte «Thüringen» (Ersatz «Beowolf») auf der Bremer Weserwerft vom Stapel. Im April 1911 wurde die Abnahmeprobefahrt durchgeführt und anschließend in Wilhelmshaven die Artillerie eingebaut. Als erstes Schiff ihrer Klasse stellte sie am 1. 7. 1911 in Dienst. «Thüringen» verfügte über 3 stehende vierzylindrige Dreifachexpansionsmaschinen mit einer Leistung von 34 944 PS. Die Geschwindigkeit lag bei 20,3 kn. Die Bewaffnung des 24 700-t-Schlachtschiffes bestand aus 12 305-mm-Geschützen, 14 150-mm-Geschützen und 14 88-mm-Geschützen. Es gab 6 Torpedorohre (1 Heck-, 4 Seiten- und 1 Bugtorpedo). Wie alle Schlachtschiffe der «Helgoland»-Klasse war die «Thüringen» 167,2 m lang, 28,5 m breit und hatte einen Tiefgang von 8,94 m.

Während des Ersten Weltkrieges nahm «Thüringen» an verschiedenen Operationen teil, so u. a. an der Seeschlacht vor dem Skagerrak (31. 5./1. 6. 1916). Diese Seeschlacht zwischen Großkampfschiffen überstand «Thüringen» ohne Personalverluste und ohne wesentliche Beschädigungen. Ende Oktober 1918 lag das Schlachtschiff zum beabsichtigten Flottenvorstoß gegen die britische Flotte auf Schillig-Reede. Die deutsche Marineführung wollte mit dieser sogen. «Todesfahrt» der Hochseeflotte die gerade angelaufenen Waffenstillstandsverhandlungen torpedieren. Revolutionäre Heizer und Matrosen der Linienschiffe «Thüringen», «Helgoland», «Markgraf» und «Großer Kurfürst» verhinderten am 30. 10. 1918 das Auslaufen der Flotte, indem sie u. a. die Feuer löschten.

Der Aufstand der Matrosen und Heizer von Kiel war das Signal zum Beginn der Novemberrevolution 1918/19 in Deutschland. «Thüringen» stellte am 16. 12. 1918 außer Dienst. Es wurde als Reparationsschiff «L» an Frankreich ausgeliefert und von der französischen Marine als Zielschiff verwendet. 1923 wurde sie zum Abwracken verkauft (Gâvres-Lorient).

Typschiff der «Kaiser»-Klasse

Schlachtschiff «Kaiser»

Schwesterschiffe: «Friedrich der Große», «Kaiserin», «König Albert», «Prinzregent Luitpold»

Der Bau der fünf Linienschiffe der «Kaiser»-Klasse erfolgte als Ersatz für die Küstenpanzerschiffe (Ersatz «Hildebrand», Ersatz «Heimdall», Ersatz «Hagen», Ersatz «Odin», Ersatz «Aegir»). Im September 1909 legte man auf der Kaiserlichen Werft in Kiel für das Schiff (Ersatz «Hildebrand») den Kiel. Der Stapellauf fand in Anwesenheit Kaiser Wilhelm II. am 22. 3. 1911 statt. Am 1. 8. 1912 übernahm die Flotte das neue Linienschiff. Die Schiffe der «Kaiser»-Klasse, die als ausgesprochen gute Seeschiffe galten, wurden mit Turbinen ausgerüstet. Auch erhielt diese Schiffsklasse als erste eine Ölzusatzfeuerung. Drei Parsons-Turbinen mit einer Leistung von 31 000 PS gestatteten dem 27 000-t-Schlachtschiff eine Geschwindigkeit von 21,0 kn. Auch bei der Aufstellung der schweren Artillerie gab es eine Verbesserung. Wenn man sich auch noch nicht an die reine Mittschiffsaufstellung heranwagte, die erst bei der «König»-Klasse angewandt wurde, so erhielten die Schiffe an Steuerbord und Backbord nur noch je einen Seitenturm, die zueinander diagonal versetzt waren, so daß jeder nach beiden Seiten feuern konnte. Erstmals baute man achtern 2 Türme ein; der weiter zur Schiffsmitte stehende Turm wurde überhöht angeordnet. Das Kaliber 305 mm entsprach dem der «Helgoland»-Klasse, doch verringerte sich die Geschützzahl durch die Neuanordnung der Türme von 12 auf 10. Alle 5 Türme der «Kaiser»-Klasse konnten nach jeder Seite feuern. Von Ende 1913 bis Mitte 1914 nahm «Kaiser» gemeinsam mit anderen Schiffen im Verband einer sogen. Detachierten Division an einer großen Übersee-Erprobung nach Südamerika und Südafrika teil. Während des Ersten Weltkrieges war das Linienschiff an verschiedenen Flottenunternehmen beteiligt, hauptsächlich aber im Sicherungs- und Vorpostendienst eingesetzt.

1918 wurde «Kaiser» nach Scapa Flow überführt und dort am 21. 6. 1919 von der eigenen Besatzung versenkt. 1929 wurde das Schiff gehoben und in Rosyth abgewrackt.

«Kaiser»-Klasse

Schlachtschiff «Kaiserin»

Schwesterschiffe:
«Kaiser», «Friedrich der Große», «König Albert», «Prinzregent Luitpold»

Mit dem Bau des dritten Schiffes der «Kaiser»-Klasse (Ersatz «Hagen») begannen die Howaldtswerke in Kiel im Juli 1910. Der Stapellauf fand im Beisein des Kaiserpaares am 11. 11. 1911 statt. Nach der Werftübergabefahrt wurde das Schiff am 13. 5. 1913 in Dienst gestellt. Allerdings verzögerten Maschinenschäden den sofortigen Einsatz des Schiffes, so daß das Schlachtschiff erst Anfang Dezember 1913 der Flotte übergeben werden konnte. Mit etwas über 45 Millionen Mark an Baukosten waren die Schiffe der «Kaiser»- und «König»-Klasse die teuersten Großkampfschiffe der Kaiserlichen Marine vor dem Ersten Weltkrieg. Als erstes Großkampfschiff der Marine passierte das 27000-t-Schlachtschiff wenige Tage vor Kriegsausbruch von 1914 den Kaiser-Wilhelm-Kanal (Nord-Ostsee-Kanal), was für die Einsatzmöglichkeiten der schweren deutschen Einheiten von großer Bedeutung war. Während des Ersten Weltkrieges nahm das Schlachtschiff im Verband des III. und später des IV. Geschwaders an verschiedenen Flottenvorstößen in die Nord- und Ostsee teil. «Kaiserin» war auch am 31. 5./1. 6. 1916 an der Seeschlacht vor dem Skagerrak beteiligt, überstand diese Gefechte aber unbeschädigt und ohne Personalverluste. Das Schlachtschiff wurde nach Kriegsende in Scapa Flow interniert und dort von der eigenen Besatzung am 21. 6. 1919 versenkt. 1936 wurde das Wrack gehoben und in Rosyth abgewrackt.

«Kaiser»-Klasse

Schlachtschiff «König Albert»

Schwesterschiffe:
«Kaiser», «Friedrich der Große», «Kaiserin», «Prinzregent Luitpold»

Als letztes Schiff der aus fünf Einheiten bestehenden «Kaiser»-Klasse lief Ersatz «Aegir» am 27. 4. 1912 auf der Schichau-Werft Danzig vom Stapel. Am 31. 7. 1913 fand die Indienststellung statt. «König Albert» war ein 27 000-t-Schlachtschiff (voll ausgerüstet) und verfügte wie alle Schiffe der Klasse über den neuen Turbinenantrieb (hier 3 Schichau-Tu). Mit einer Maschinenleistung von gut 31 000 PS erreichte das Schiff eine Geschwindigkeit von 21 kn. Der Übergang zum Turbinenantrieb erleichterte auch die Aufstellung der diagonal zueinander versetzten Türme der schweren Artillerie von insgesamt 10 305-mm-Geschützen. Diese waren in 5 Türmen untergebracht, wobei sämtliche 5 Türme nach beiden Seiten hin feuern konnten. Das Schlachtschiff war 172,4 m lang, 29,0 m breit und hatte einen Tiefgang von 9,10 m. 1913 gehörte «König Albert» mit dem Schwesterschiff «Kaiser» und dem Kleinen Kreuzer «Straßburg» zur «Detachierten Division», um auf großen Reisen unter extremen Bedingungen die Turbinenanlagen zu erproben. Mit dem III. Geschwader trat «König Albert» in den Ersten Weltkrieg ein. Hauptsächlich im Bereitschafts-, Vorposten- und Sicherungsdienst eingesetzt, kam das Linienschiff im September/Oktober 1917 zu seinem einzigen bedeutenden Einsatz bei der Eroberung der Baltischen Inseln. Als einziges deutsches Großkampfschiff nahm es nicht an der Seeschlacht vor dem Skagerrak teil. «König Albert» wurde entsprechend den Waffenstillstandsbedingungen der Siegermächte des Ersten Weltkrieges ausgeliefert, in Scapa Flow interniert und dort am 21. 6. 1919 von der eigenen Besatzung versenkt. Am 28. 7. 1935 wurde das Schiff gehoben und in Rosyth abgewrackt.

«Kaiser»-Klasse

Schlachtschiff «Prinzregent Luitpold»

Schwesterschiffe: «Kaiser», «Friedrich der Große», «Kaiserin», «König Albert»

Der 1911 bei der Germania-Werft in Kiel begonnene Neubau lief am 17.2.1912 vom Stapel. Die Marine nahm das Schiff am 2.9.1913 endgültig von der Werft ab. Nach Erich Gröner waren die Schlachtschiffe der «Kaiser»-Klasse ausgesprochen gute Seeschiffe, die auch bei hohem Seegang nur geringen Fahrtverlust verzeichneten. Bei «Prinzregent Luitpold» war als dem ersten Schiff der Kaiserlichen Marine vorgesehen, den Antrieb nicht allein durch Turbinen zu bewirken, sondern die Mittelwelle durch einen Großdiesel antreiben zu lassen. Dadurch sollte eine schnellere Einsatzmöglichkeit erzielt werden. Der Großdiesel war aber noch nicht bordbetriebsreif und wurde auch später nicht mehr eingebaut. Die eingebauten 2 Parsons-Turbinen und ein 6-Zylinder-Diesel mit einer Leistung von über 26000 PS verliehen dem 27000-t-Schlachtschiff eine Geschwindigkeit von gut 20 kn. An schwerer Schiffsartillerie standen 10 305-mm-Geschütze, an mittlerer Artillerie 14 150-mm-Geschütze und außerdem noch 8 88-mm-Geschütze zur Verfügung. Bis 1916 lief «Prinzregent Luitpold» als Flottenflaggschiff. An den Frühjahrseinsätzen der deutschen Hochseeflotte 1916 unter dem neuen Flottenchef, Vizeadmiral Reinhard Scheer, war «Prinzregent Luitpold» beteiligt, desgleichen an der Seeschlacht vor dem Skagerrak am 31.5./1.6.1916. Ab Frühjahr 1917 war das Schiff ein Zentrum der revolutionären Matrosenbewegung in der deutschen Hochseeflotte. Auf «Prinzregent Luitpold» kam es am 6.6.1917 zum Hungerstreik und Ende Juni zur Dienstverweigerung von Heizern und Matrosen. Ende Juli 1917 wurde eine revolutionäre Flottenzentrale gebildet. Führer des Aufstandes auf «Prinzregent Luitpold» waren Albin Köbis und Hans Beckers. Höhepunkt der Bewegung war am 2.8. der Aufstandsversuch von 600 Heizern und Matrosen von der «Prinzregent Luitpold».

Die revolutionäre Matrosenbewegung wurde mit äußerster Härte niedergeschlagen und Albin Köbis am 5.9.1917 in Wahn bei Köln standrechtlich erschossen. Anfang November 1918 gab der revolutionäre Soldatenrat den Befehl, die rote Flagge zu setzen. Ende des Monats wurde das Schiff nach Großbritannien überführt und entsprechend den Waffenstillstandsbedingungen interniert. Am 21.6.1919 versenkte die Restbesatzung das Schiff in der Bucht von Scapa Flow.

«König»-Klasse

Schlachtschiff «Markgraf»

Schwesterschiffe: «König», «Großer Kurfürst», «Kronprinz» («Wilhelm»)

Für das dritte Schiff der «König»-Klasse, Ersatz «Weißenburg», streckte die A. G. Weser, Bremen, im November 1911 den Kiel. Der Stapellauf fand am 4. 6. 1913 statt. Am 1. 10. 1914 übernahm die Flotte das Schiff. Die neuen Schiffe der «König»-Klasse waren im wesentlichen Weiterentwicklungen der «Kaiser»-Klasse und entsprachen diesen in vielen Konstruktionsmerkmalen. Neu war die Aufstellung der schweren Artillerie, der 10 305-mm-Geschütze in insgesamt 5 Türmen (davon je 2 überhöht vorn und achtern) in einem wesentlich günstigeren Schema, wobei auf die bisherigen Flügeltürme, wie sie noch die «Kaiser»-Klasse hatte, verzichtet wurde. Alle Türme waren nun in Mittschiffslinie angeordnet. Weiter standen in Kasematten 14 150-mm-Geschütze und 6 88-mm-Geschütze zur Verfügung. Die Anzahl der 88-mm-Geschütze war zeitweise verschieden. Diese Schiffe galten als besonders gut gelungen und hatten ruhige, angenehme Bewegungen, was vor allem der artilleristischen Leistung zugute kam. Die Turbinen-Antriebsanlage (3 Bergmann-Turbinen) mit 3 Öl-Marinekessel und 12 Kohle-Marinekessel erreichte eine Gesamtleistung von 31 000 PS. Das Schlachtschiff war 21 kn schnell. «Markgraf» hatte voll ausgerüstet eine Wasserverdrängung von 28 600 t. Die Besatzungsstärke lag bei 1 136 Mann. Während des Ersten Weltkrieges stand das Schlachtschiff im Verband des III. Geschwaders und war an zahlreichen Geschwader- und Flotteneinsätzen beteiligt. In der Seeschlacht vor dem Skagerrak am 31. 5./1. 6. 1916 erhielt «Markgraf» 5 Treffer, 11 Besatzungsangehörige fanden den Tod. Auch auf «Markgraf» kam es Ende Oktober/Anfang November 1918 zu revolutionären Unruhen unter den Matrosen. Das Linienschiff gehörte zu den in Scapa Flow internierten Schiffen und wurde dort am 21. 6. 1919 versenkt. Teile des Schiffskörpers wurden erst 1962 geborgen.

Kreuzerkorvette

Großer Kreuzer «Kaiserin Augusta»

Einzelschiff

Den Bauauftrag zum Neubau der Kreuzerkorvette «H» erhielt die Germaniawerft in Kiel, wo das Schiff am 15.1.1892 vom Stapel lief. Prinz Heinrich von Preußen taufte den Neubau auf den Namen seiner Großmutter väterlicherseits. Der Amtsentwurf zu diesem Schiff (1887/89) entstand zu einer Zeit, als das Problem des Kreuzerkrieges im Vordergund der Überlegungen der kaiserlichen Marineführung stand. Repräsentatives Aussehen, relativ geringer Panzerschutz, mittelstarke Bewaffnung, aber starke Maschinen und damit hohe Geschwindigkeit galten als die wesentlichen Kriterien für diese Schiffsklasse. Die Kreuzerkorvette (ab 29.8.1893 Kreuzer II. Klasse) war das erste Dreischraubenschiff (2 Außenpropeller, 1 Mittelpropeller) der Kaiserlichen Marine, eine für die damalige Zeit beachtliche technische Leistung. Drei stehende dreizylindrige Dreifachexpansionsmaschinen mit einer Leistungskraft von 12000 PS ermöglichten eine Geschwindigkeit von 21 kn. Die Bunkerkapazität von 750/810 t Kohle erlaubte einen Fahrbereich von 3240 sm bei 12 kn. Die Wasserverdrängung des voll ausgerüsteten Kreuzers lag bei 6318 t. Die Bewaffnung des Schiffes, die im Laufe der aktiven Zeit mehrmals geändert wurde, bestand von 1895 bis 1914 aus 12 150-mm-Geschützen, 8 88-mm-Geschützen und von 1914 bis 1918 aus 4 105-mm-Geschützen und 14 88-mm-Geschützen. Während der Kriegszeit gab es noch spezielle Geschütze in den sogenannten U-Boot- und Flugabwehr-Lafetten.

«Kaiserin Augusta», ab 1899 als Großer Kreuzer qualifiziert, absolvierte bis 1902 zahlreiche Atlantik- und Überseereisen. 1897, während des griechisch-türkischen Krieges, beteiligte sich der Kreuzer gemeinsam mit Schiffen anderer Nationen an der Seeblockade Kretas. Von 1897 bis 1902 gehörte «Kaiserin Augusta» zum Ostasiatischen Kreuzergeschwader und war an Operationen zur Niederschlagung des sog. Boxeraufstandes beteiligt. Von 1903 bis 1905 modernisiert und anschließend in die Reserve überführt, wurde das Schiff mit Kriegsausbruch 1914 wieder aktiviert, um die zum Fronteinsatz tretenden bisherigen Artillerieschulschiffe zu ersetzen. Am 14.12.1918 wurde der Große Kreuzer außer Dienst gestellt, am 1.10.1919 aus der Liste der Kriegsschiffe gestrichen und 1920 in Kiel abgewrackt.

Typschiff der «Victoria Louise»-Klasse

Großer Kreuzer «Victoria Louise»

Schwesterschiffe: «Hertha», «Freya», «Vineta», «Hansa»

Für den Neubau «L» streckte die A.G. «Weser», Bremen, die damit erstmals einen Großschiffbauauftrag der Kaiserlichen Marine erhielt, am 9.4.1896 den Kiel. Der Stapellauf erfolgte am 29.3.1897. Der Bau der zur «Victoria Louise»-Klasse gehörigen fünf Kreuzer II. Klasse (ab 1899 als Große Kreuzer klassifiziert) kam erst nach harten Kontroversen zwischen dem Oberkommando der Marine (Tirpitz) und dem Reichsmarineamt zustande. Insbesondere stritt man sich um die Frage Schlachtschiffsflotte oder Kreuzerflotte. 1895/96 bewilligte man endlich die ersten Raten für den Bau der ersten drei Schiffe. Die neuen Kreuzer waren in Bezug auf Bewaffnung den Schiffen der anderen Marinen gewachsen, doch boten sie mit ihrer großen, ungepanzerten Freibordfläche gute Zielscheiben. «Ten minutes cruisers» wurden sie von den Briten spöttisch genannt.

Die Kreuzer der «Victoria Louise»-Klasse erhielten 3 stehende vierzylindrige Dreifachexpansionsmaschinen, die eine Leistung von 10718 PS erzeugten. Voll ausgerüstet verdrängte das Schiff 6491 t. Die Geschwindigkeit der Schiffe der Kreuzer-Klasse lag zwischen 18 und 19 kn. Da sie für den Hochseedienst nur bedingt geeignet waren, entschied man sich ab 1907/08, die Schiffe der «Victoria Louise»-Klasse als Schulschiffe einzusetzen. 1906 bis 1908 wurde «Victoria Louise» auf der Kaiserlichen Werft Wilhelmshaven umgebaut (u.a. Verringerung der Schornsteinzahl auf 2 Stück, Auswechseln des schweren Gefechtsmastes gegen einen leichten Mast). «Victoria Louise» unterstand danach der Inspektion des Bildungswesens, wurde aber nicht in die Kategorie der Schulschiffe eingereiht, sondern weiter als Großer Kreuzer geführt.

Zu Beginn des Ersten Weltkrieges war der Kreuzer im Vorpostendienst in der Ostsee eingesetzt; ab 28.10.1914 erfolgte die Außerdienststellung aller Schiffe der Schulkreuzerdivision. «Victoria Louise» wurde desarmiert und verblieb als Minenleger und Wohnschiff in Danzig. Am 1.10.1919 wurde «Victoria Louise» aus der Liste der Kriegsschiffe gestrichen, danach verkauft und 1920 zum Handelsschiff «Flora Sommerfeld» umgebaut. 1923 wurde sie endgültig abgewrackt.

55 Im Oktober 1895, nach langwierigen Auseinandersetzungen im Reichstag über die Bereitstellung der Mittel zum Bau der Kreuzer II. Klasse, streckte die A. G. Vulcan Stettin den Kiel für den Neubau «K». Am 14. 4. 1897 lief der Kreuzer vom Stapel. Bereits am 23. 7. 1898 begannen die Probefahrten und trotz erheblicher Mängel in der Kesselanlage die Übernahme in den Flottendienst. Drei stehende vierzylindrige Dreifachexpansionsmaschinen (18 Belleville-Kessel) mit einer Gesamtleistung von 10 312 PS verliehen dem Kreuzer eine Geschwindigkeit von rund 19,0 kn. «Hertha» war 110,6 m lang und hatte eine Wasserverdrängung von 6491 t. Ab 1899 gehörte das Schiff zu dem in Ostasien stationierten Kreuzergeschwader (Tsingtau). Teile der Besatzung des Kreuzers wurden später zur Niederschlagung des sog. Boxeraufstandes eingesetzt. Bei den Kämpfen um das Hsiku-Arsenal gab der britische Befehlshaber Sir Edward Seymor dem Kommandeur der deutschen Landungstruppen und Kommandanten der «Hertha», Kapitän zur See von Usedom, den später berühmt gewordenen Befehl «the germans to the front». Nach sechs Jahren Dienst in Ostasien stellte «Hertha» am 12. 5. 1905 in Kiel außer Dienst. 1906 begann die dortige Kaiserliche Werft mit der Überholung, einer Neubekesselung und Änderung der Armierung sowie dem Umbau zum Schulschiff. «Hertha» diente dann ab 1908 als Ausbildungsschiff für Seekadetten. Als Schulschiff verfügte der Kreuzer über eine Besatzungsstärke von 658 bis 684 Mann, einschließlich 75 Seekadetten und 300 Schiffsjungen. Zu Beginn des Ersten Weltkrieges noch kurzzeitig im Bewachungsdienst in der mittleren und westlichen Ostsee eingesetzt, stellte «Hertha» bereits am 16. 11. 1914 außer Dienst. Sie wurde bis Kriegsende auf der Flugstation Flensburg als Wohnschiff genutzt, am 6. 12. 1919 aus der Liste der Kriegsschiffe gestrichen und 1920 abgewrackt.

Großer Kreuzer «Hertha»

«Victoria Louise»-Klasse
Schwesterschiffe:
«Victoria Louise», «Freya», «Vineta», «Hansa»

«Victoria Louise»-Klasse

Großer Kreuzer «Hansa»

Schwesterschiffe: «Victoria Louise», «Hertha», «Freya», «Vineta»

Den Auftrag zum Bau des Kreuzers II. Klasse «N» erhielt die A.G. Vulcan in Stettin, wo im April 1896 der Kiel gestreckt wurde. Der Stapellauf fand am 12. 3. 1898 statt. Anfang 1899 wurde «Hansa» mit Werftbesatzung nach Kiel überführt, dort fertig ausgerüstet und am 20. 4. in Dienst gestellt. Den Quellen zufolge waren die Schiffe der «Victoria Louise»-Klasse gute Seeschiffe, mit besonders ruhigen und weichen Bewegungen. Problematisch blieb der vorgesehene Einsatz als Auslandskreuzer. Optisch war ihr Eindruck mit drei Schornsteinen, dem starken Gefechtsmast und dem ausladenden Kreuzerbug durchaus wirkungsvoll, doch begrenzte der Kohlenvorrat von etwa 840 bis 950 t die Einsatzroute der Schiffe. Die Bewaffnung des Großen Kreuzers bestand aus 2 210-mm-Geschützen, 8, später 6 150 mm-Geschützen und 10 88-mm-Kanonen. Es gab 2 Seiten- und 1 Bugtorpedos. Die maximale Wasserverdrängung des Kreuzers lag bei 6705 t. Noch vor Abschluß der Schiffserprobungen wurde «Hansa» 1899 nach Ostasien gesandt. Bis 1906 versah es diesen Dienst. «Hansa» war 1900/01 an der Niederschlagung des sog. Boxeraufstandes in China beteiligt. Der Kommandant der «Hansa» befehligte die internationalen Landungstruppen bei der Erstürmung der Taku-Forts am 17. 6. 1900. Ab August desselben Jahres nahm der Kreuzer an den Operationen gegen chinesische Küstenforts teil. Mit 13 Toten und 24 Verwundeten hatte die Besatzung dabei besonders schwere Verluste erlitten. Von April 1907 bis März 1909 erfolgten Umbau- und Modernisierungsarbeiten (u. a. Entfernung eines Schornsteins, Änderung der Bewaffnung) auf der Kaiserlichen Werft Danzig und am 1. 4. 1909 stellte «Hansa» als Seekadetten- und Schiffsjungenschulschiff in Dienst. Zu Beginn des Ersten Weltkrieges war das Schiff noch kurze Zeit im Küstenschutz in der Ostsee eingesetzt. Bereits am 16. 11. 1914 stellte «Hansa» außer Dienst; mit dem selben Tag wurde die Schulkreuzerdivision aufgelöst. Der Kreuzer diente danach in Kiel als Wohnschiff für Torpedobootsbesatzungen. Am 6. 12. 1919 wurde er aus der Liste der Kriegsschiffe gestrichen und abgewrackt.

57 Nach heftigen Auseinandersetzungen im Reichstag wurde im Etat 1895/96 der Bau dieses Schiffes bewilligt, dessen Pläne in den Jahren 1893 bis 1895 von der Konstruktionsabteilung des Reichsmarineamtes (RMA) entwickelt worden waren. Das RMA beabsichtigte mit dem neuen Schiffstyp, der zusätzlich einen Gürtelpanzer in der Wasserlinie um den ganzen Schiffsrumpf und schwere Artillerie (240 mm) erhielt, ein schnelles, repräsentatives und relativ stark bewaffnetes Schiff für den Auslandseinsatz zur Verfügung zu haben. Der Bauauftrag wurde an die Kaiserliche Werft Kiel vergeben. Die Kiellegung erfolgte am 1.4.1896, der Stapellauf am 25.9.1897. Der Fertigbau dauerte 34 Monate, so daß die Kaiserliche Marine das Schiff am 1.4.1900 offiziell übernahm. «Fürst Bismarck» war den Quellen zufolge ein sehr gutes Seeschiff, etwas stampfend und stark schlingernd, das sich aber sehr gut manövrieren und steuern ließ. Die Wasserverdrängung des voll ausgerüsteten Kreuzers lag bei 11 461 t, die Leistung der 3 stehenden vierzylindrigen Dreifachexpansionsmaschinen betrug 13 500 PS. Die 127 m lange und 20,4 m breite «Fürst Bismarck» erreichte eine Geschwindigkeit von 18 kn. Der Kreuzer verfügte über 4 240-mm-Geschütze, 12 (später 10) 150-mm-Geschütze und 10 88-mm-Geschütze. Unmittelbar nach der Übernahme durch die Kaiserliche Marine wurde das Schiff nach Ostasien entsandt und war bis 1901 an der Niederwerfung des sog. Boxeraufstandes beteiligt. Nach neunjährigem Auslandsaufenthalt in Ostasien stellte «Fürst Bismarck» am 26. 6. 1909 in Kiel außer Dienst. 1910 begann die Kaiserliche Werft Kiel mit Reparatur- und Umbauarbeiten. Im Februar 1915 wurde der Kreuzer dem Torpedoversuchskommando als Zielschiff für U-Boote zur Verfügung gestellt, aber schon ab März der I. Marine-Inspektion in Kiel unterstellt und als Exerzier- und Maschinenschulschiff eingesetzt. 1917 fuhr das Schiff auch zur Ausbildung von Kommandanten von Handels-U-Booten und von Marine-Luftschiffen. Obwohl am 31.12.1918 außer Dienst gestellt, diente «Fürst Bismarck» im Frühjahr 1919 dem Schiffsstammverband der Ostsee als Büroschiff. Am 17.6.1919 wurde das Schiff aus der Liste der Kriegsschiffe gestrichen und 1919/20 abgewrackt.

Großer Kreuzer «Fürst Bismarck»

Kreuzer I. Klasse,
1899: Großer Kreuzer (Panzerkreuzer)

Großer Kreuzer (Panzerkreuzer)

Großer Kreuzer «Prinz Heinrich»

Einzelschiff

Die Kaiserliche Werft Kiel streckte am 1.12.1898 den Kiel für den nach dem 1. Flottengesetz als Kreuzer «A» bezeichneten Neubau, der am 22.3.1900 im Beisein des Prinzen Heinrich vom Stapel lief. Am 11. 3. 1902 stellte «Prinz Heinrich» in Dienst. Dieser zweite Panzerkreuzer lehnte sich eng an den Vorgängerbau «Fürst Bismarck» an. «Prinz Heinrich» war jedoch gut 1500 t kleiner, erhielt allerdings eine 1500 PS stärkere Maschine (15000 PS) und dadurch eine höhere Geschwindigkeit (20,4 kn). An der Panzerung wurde gegenüber der «Fürst Bismarck» gespart. Auch die Bewaffnung war wesentlich geringer: statt 4 240-mm-Geschütze («Fürst Bismarck») erhielt «Prinz Heinrich» nur 2 Geschütze dieser Art, und bei der Mittelartillerie wurden 10 statt 12 150-mm-Geschütze eingebaut. Nicht befriedigend war die Aufstellung der Mittelartillerie, da sie wegen der geringen Schiffslänge eng zusammengelegt wurde. Außerdem war der Große Kreuzer mit 10 88-mm-Schnelladekanonen und 4 Torpedorohren bestückt. Trotz des von der Kaiserlichen Marine über das Schiff gefällten Urteils «billig, aber schlecht» konnte das Schiff einen Vergleich mit den zeitgenössischen Panzerkreuzern anderer Marinen (z.B. mit den Schiffen der «Montcal»- und «Desaix»-Klasse Frankreichs oder der «Guiseppe-Garibaldi»-Klasse Italiens) aufnehmen. Das Schiff war 126,5 m lang und hatte eine Wasserverdrängung von 8887 t. Die Besatzungsstärke lag in der Regel bei 567 Mann. Ab 1908 unterstand der Kreuzer der Schiffsartillerie-Inspektion und diente Ausbildungszwecken. Während des Ersten Weltkrieges wurde «Prinz Heinrich» dem Oberbefehlshaber der Ostseestreitkräfte unterstellt und war an verschiedenen Unternehmen beteiligt. Am 27. 3. 1916 stellte sie außer Dienst und wurde anschließend als Wohn-, Bei- und Büroschiff, 1918 als Beischiff für den U-Kreuzerverband verwendet. 1920 wurde «Prinz Heinrich» in Audorf-Rendsburg abgewrackt.

Klasse Großer Kreuzer

Großer Kreuzer «Prinz Adalbert»

Schwesterschiff: «Friedrich Carl»

Der Bau des Großen Kreuzers «Prinz Adalbert» war bereits eine Folge des 1. Flottengesetzes, das der Reichstag am 28. März 1898 verabschiedete. Im April 1900 begann die Kaiserliche Werft in Kiel mit dem Bau des Typschiffs, doch erst Anfang 1904 konnte es die Flotte übernehmen. Die Baukosten dieses neuen, mit 3 Schornsteinen versehenen großen Kreuzers lagen bei rund 16 Millionen Mark. Um die Jahrhundertwende waren es vor allem England, Frankreich und Deutschland, die Panzerkreuzer bauten. Die Panzerkreuzer hatten zu dieser Zeit etwa eine Wasserverdrängung von 9000–10000 t, erreichten eine Geschwindigkeit von 21–22 kn und verfügten meist über 10–16 Geschütze mittleren Kalibers.

Angetrieben wurde der Kreuzer «Prinz Adalbert» von 3 stehenden dreizylindrigen Dreifachexpansionsmaschinen von insgesamt 18600 PS für 20 kn Geschwindigkeit. Der neue Kreuzer war 126 m lang und hatte eine Wasserverdrängung von 9875 t. «Prinz Adalbert» erhielt wieder 4 Geschütze (Zwillingstürme auf dem Vor- und Achterschiff) mit einem Kaliber von 210 mm, von denen man eine größere Feuerwirkung erwartete, sowie einige 150-mm-Geschütze als Mittelartillerie in seitlichen Batteriedecks. Die davor gebauten Großen Kreuzer z. B. der «Victoria Louise»-Klasse lagen in Wasserverdrängung, Maschinenleistung, Schnelligkeit und Bewaffnung weit unter den neu geplanten Großen Kreuzern. Bis Kriegsausbruch 1914 war «Prinz Adalbert» im wesentlichen als Artillerieversuchsschiff eingesetzt. Während des Ersten Weltkrieges nahm das Schiff an Operationen in der Ostsee teil, so hauptsächlich an der Beschießung von Küstenstädten. Am Vormittag des 23.10.1915 kam das britische U-Boot E 8 westlich von Libau (heute Liepaja) zum Schuß auf den Großen Kreuzer. Der Torpedo traf eine Munitionskammer, so daß das Schiff innerhalb weniger Minuten sank. Es fielen bis auf 3 Mann die gesamte Besatzung, d.h. 32 Offiziere und 640 Mann.

Typschiff — ## *Großer Kreuzer «Roon»* — *Schwesterschiff: «Yorck»*

Den Bauauftrag für das Typschiff (Ersatz «Kaiser») erhielt die Kaiserliche Werft Kiel. Die Kiellegung fand am 1.8.1902 statt. Am 27.6. 1903 lief das Schiff vom Stapel, stand jedoch erst fast drei Jahre später am 5.4.1906 zur Indienststellung bereit. Die Wasserverdrängung des voll ausgerüsteten Panzerkreuzers lag bei 10 266 t. Das 127,8 m lange und 20,2 m breite Schiff verfügte wie die Schiffe der «Prinz-Adalbert»-Klasse über drei stehende dreizylindrige Dreifachexpansionsmaschinen mit einer Gesamtleistung von rund 20 000 PS. Die Geschwindigkeit lag bei 21,0 kn. Typisch für diese Schiffsklasse war die schwere Artillerie, die bei «Roon» aus 4 210-mm-Geschützen bestand. Bau und Entwicklung der Panzerkreuzer stießen auch auf Kritik, da sich bereits die Entwicklung zum stärker gepanzerten und bewaffneten Schlachtschiff abzuzeichnen begann. Allerdings entsprachen die etwa zur gleichen Zeit auf Kiel gelegten Schiffe der britischen »Devonshire«-Klasse, die nur über 190-mm-Geschütze verfügten, im großen und ganzen den deutschen Panzerkreuzern. Bereits im September 1911 wurde «Roon» außer Dienst gestellt und erst bei Kriegsausbruch 1914 wieder der Flotte zugeführt. Zunächst Flaggschiff der III. Aufklärungsgruppe in der Ostsee (außer «Roon» noch «Prinz Adalbert», «Prinz Heinrich» und «Yorck» – «Yorck» sank am 4.11.1914), wurde der Panzerkreuzer ab 20.4.1915 dem Verband der Aufklärungsstreitkräfte der Ostsee zugeteilt. Bis zur Außerdienststellung am 4.2.1916 in Kiel war «Roon» an einer Reihe von Flottenvorstößen in der Ostsee beteiligt (u.a. an der Beschießung von Libau 7.5.1915, Unternehmung im Rigaischen Meerbusen im August 1916), die alle ohne Personalverluste endeten. Zunächst wahrscheinlich als Wacht- und Wohnschiff eingesetzt und teilweise desarmiert, stellte «Roon» am 1.11.1916 erneut in Dienst. Sie wurde der Torpedo-Inspektion zu Versuchen und zur Schiffsjungenausbildung zur Verfügung gestellt. 1920 wurde das Schiff aus der Liste der Kriegsschiffe gestrichen und 1921 in Kiel abgewrackt.

Klasse: Großer Kreuzer (Panzerkreuzer)

Großer Kreuzer «Yorck»

Typ- und Schwesterschiff: «Roon»

Blohm & Voss streckte im Frühjahr 1903 den Kiel für den zweiten Bau der «Roon»-Klasse. Am 14. 5. 1904 lief das Schiff nach der Taufe durch Gräfin Josephine Yorck von Wartenburg vom Stapel. Nach Werftprobefahrten und Überführung mit Werftbesatzung nach Kiel stellte der Kreuzer am 21.11.1905 in Dienst. Die Panzerkreuzer wurden von 3 stehenden dreizylindrigen Dreifachexpansionsmaschinen angetrieben, die bei rund 20 000 PS eine Geschwindigkeit von 21 kn ermöglichten. Den Quellen zufolge waren es gute Seeschiffe, die sich gut manövrieren ließen. Die unteren Außendecks und die Kasematte sollen bereits bei wenig See recht naß gewesen sein. «Yorck» war mit 4 210-mm-Geschützen, 10 150-mm-Geschützen und 14 Stück des Kalibers 88 mm ausgerüstet. Bis zum Beginn des Ersten Weltkrieges beteiligte sich «Yorck» im Verband der Aufklärungsschiffe an großen Atlantikreisen und Verbandsübungen. Anfang März 1913 rammte «Yorck» bei einem Durchbruchmanöver von Torpedobooten vor Helgoland das T-Boot S 178. Das Torpedoboot sank innerhalb weniger Minuten und riß 69 Mann mit in die Tiefe. Zu Beginn des Ersten Weltkrieges nahm «Yorck» im Rahmen der III. Aufklärungsgruppe (KAdm. von Rebeur-Pachwitz) an verschiedenen Flottenvorstößen teil. Auf der Rückfahrt von einem dieser Unternehmen lief «Yorck» am 4. 11. 1914 auf eigene Minensperren im Jadefahrwasser, kenterte und sank, 336 Mann mit in die Tiefe nehmend. Das Wrack wurde teilweise 1929/30, weiter 1937 und 1971/72 abgebrochen.

Klasse: Großer Kreuzer (Panzerkreuzer)

Großer Kreuzer «Gneisenau»

Schwesterschiff: «Scharnhorst»

Entsprechend dem Flottengesetz von 1900 waren zwei Große Kreuzer auf Kiel zu legen (D und C). Den Auftrag zum Neubau «C» (Amtsentwurf 1903/04) erhielt die A. G. Weser, Bremen. Der Stapellauf fand am 14.6.1906 in Anwesenheit des Chefs des Generalstabs, Generaloberst Graf von Schlieffen, statt. Nach Beendigung der Ausrüstung in Wilhelmshaven stellte das Schiff am 6. 3. 1908 in Dienst und wurde dem Verband der Aufklärungsschiffe der Hochseeflotte zugeteilt. Der Panzerkreuzer wurde mit herkömmlichen Dreifachexpansionsmaschinen ausgerüstet. Die Maschinenleistung lag bei rund 26 000 PS, was eine Geschwindigkeit von 22,5 kn ermöglichte. «Gneisenau» hatte eine Wasserverdrängung von 11 616 t. Im Unterschied zu den Vorgängern «Prinz Adalbert» und «Roon» mit je einem 210-mm-Zwillingsturm auf dem Vor- und Achterschiff und 150-mm-Geschützen als Mittelartillerie in seitlichen Batteriedecks wurden bei der «Gneisenau» die auf jeder Seite befindenden 2 150-mm-Geschütze durch 210-mm-Kasematt-Geschütze ersetzt. Insgesamt hatte der Panzerkreuzer 8 210-mm-Geschütze der schweren Artillerie und 6 150-mm-Geschütze der mittleren Artillerie. Ab 1910 gehörte der Panzerkreuzer zum Kreuzergeschwader in Ostasien. Während des Ersten Weltkrieges war die «Gneisenau» an zwei bedeutenden Seeschlachten beteiligt, so an der Seeschlacht von Coronel (1. November 1914) und an der Schlacht bei den Falkland-Inseln (8. Dezember 1914). In der Seeschlacht bei Coronel war «Gneisenau» hauptsächlich an der Versenkung des britischen Panzerkreuzers «Monmouth» beteiligt, bei den Falkland-Inseln unterlag sie dem weit überlegenen Artilleriefeuer der britischen Schlachtkreuzer «Invincible» und «Inflexible» sowie des Panzerkreuzers «Carnarvon». 187 Mann der Besatzung konnten gerettet werden, 598 gingen mit dem Schiff unter.

Großer Kreuzer (Panzerkreuzer)

Großer Kreuzer «Blücher»

Einzelschiff

Der Panzerkreuzer «Blücher» lief als Neubau Großer Kreuzer «E» am 11.4.1908 auf der Kaiserlichen Werft in Kiel vom Stapel. Bereits beim Stapellauf und während der Ausrüstungsphase des 17500 t großen Panzerkreuzers wurde offensichtlich, daß diese Großen Kreuzer den neuen britischen battle-cruisers unterlegen waren. Die deutsche Flottenführung entschied sich trotz großer Meinungsverschiedenheiten über die Entwicklung Großer Kreuzer für den Fortbau des Schiffes. Abgesehen von der zahlenmäßigen Lage in der Klasse Großer Kreuzer war man vor allem durch die hohe Überalterung in den anderen Schiffsklassen (z.B. «Prinzen»-Klassen) gezwungen, bis zur Entwicklung neuer Schlachtkreuzer auf den Einsatz der «Blücher» zu bestehen. Der Panzerkreuzer erhielt 3 stehende vierzylindrige Dreifachexpansionsmaschinen von 43886 PS, die dem Schiff eine Geschwindigkeit von rund 25 kn verliehen. Damit war die «Blücher» zu einem der schnellsten mit Kolbenmaschinen ausgerüsteten Schiffe geworden. Die schwere Artillerie war schachbrettartig in 6 Türmen mit je 2 210-mm-Geschützen angeordnet. Zur mittleren Artillerie gehörten 8 150-mm-Geschütze und 16 88-mm-Geschütze. «Blücher» war das erste deutsche Kriegsschiff mit Dreibeinmast. Nach seiner Indienststellung (1.10.1909) ist bis zum Beginn des Ersten Weltkrieges vor allem der Einsatz als Artillerieversuchsschiff zu erwähnen. Während des Ersten Weltkrieges war «Blücher» an Operationen in der Ostsee (September 1914 Vorstoß zum Finnischen Meerbusen) und im Januar 1915 an der Doggerbankschlacht beteiligt. Während dieser Schlacht am 24.1.1915 sank «Blücher» im Artilleriefeuer des überlegenen britischen Schlachtkreuzergeschwaders. 260 Mann der «Blücher»-Besatzung wurden von englischen Zerstörern gerettet. 792 deutsche Seeleute sanken mit der gekenterten «Blücher» 40 sm vor der niederländischen Küste in die Tiefe.

Typschiff der «Moltke»-Klasse

Großer Kreuzer «Moltke»

Schwesterschiff: «Goeben»

Die Entwicklung der Großen Kreuzer ging um die Jahrhundertwende und im ersten Jahrzehnt des 20. Jahrhunderts sehr schnell weiter. Noch während die Entwurfs- und Konstruktionsarbeiten für «Von der Tann» im Gange waren, entstanden die Pläne für zwei weitere Schiffe, deren Bearbeitung im Herbst 1908 abgeschlossen wurde. Am 17. 9. 1908 erhielt die Hamburger Werft Blohm & Voss den Auftrag zum Bau des Neubaus Großer Kreuzer «G». Sie streckte am 23. 1. 1909 den Kiel. Der Stapellauf fand am 7.4.1910 statt; die Übernahme in den Flottendienst erfolgte am 30. 9. 1911. Die Wasserverdrängung des neuen Schlachtkreuzers hatte sich gegenüber dem Vorgänger «Von der Tann» um rund 3 500 t gesteigert und lag bei etwa 25 400 t, was die Standfestigkeit erheblich steigerte. Die eingebauten Turbinen ermöglichten eine Maschinenleistung von über 50 000 PS, so daß die Probefahrtergebnisse sogar bei 28,4 kn lagen (normal 25,5 kn). Auch die «Moltke» rüstete man mit dem 280-mm-Kaliber aus. Allerdings entschloß man sich, bei sonst unveränderter Aufstellung, einen fünften Turm überhöht vor dem achteren einzuschieben. Dies hatte zur Folge, daß die Back viel weiter als bei «Von der Tann» nach achtern gezogen wurde und der Schlachtkreuzer über 10 schwere 280-mm-Geschütze verfügte. Die mittlere Artillerie bestand aus 12 150-mm-Geschützen und die leichte Artillerie aus 12 88-mm-Geschützen. Außerdem gab es 4 88-mm-Flakgeschütze und 4 Torpedoausstoßrohre (50 cm). Die Baukosten für «Moltke» lagen bei 42,6 Millionen Goldmark. Die Besatzungsstärke lag bei rund 1 100 Mann.

Während des Ersten Weltkrieges nahm der Schlachtkreuzer an der Doggerbankschlacht am 24. 1. 1915 und am 31.5./1.6.1916 an der Skagerrak-Schlacht teil. Wie alle Schlachtkreuzer mußte auch «Moltke» in der Skagerrak-Schlacht schwere Treffer (4) hinnehmen. 16 Gefallene, 4 Schwer- und 16 Leichtverwundete verzeichnete das Kriegstagebuch. Weiterhin war der Schlachtkreuzer an verschiedenen Flottenunternehmen in der Ost- und Nordsee beteiligt. Gemäß den Waffenstillstandsbedingungen war «Moltke» ab 24. 11. 1918 in Scapa Flow interniert. Dort ist «Moltke» am 21.6.1919 von der eigenen Besatzung versenkt worden. 1927 wurde das Schiff gehoben und abgewrackt.

Großer Kreuzer «Goeben»

Typ- und Schwesterschiff: «Moltke»

Auch der Auftrag zum Bau des Schwesterschiffes, den Neubau «H», ging an die Werft Blohm & Voss in Hamburg. Dort wurde am 12.8.1909 der Kiel gestreckt. Der Stapellauf des Schiffes fand am 28.3.1909 statt. Anfang Juni 1912 begann der Schlachtkreuzer die Abnahmeprobefahrt, am 2. 7. erfolgte die Indienststellung. «Goeben» hatte voll ausgerüstet eine Wasserverdrängung von 25400 t. Die Leistungskraft der 2 Parsons-Turbinen betrug über 50000 PS, wodurch der Schlachtkreuzer zu einem schnellen Schiff mit einer Geschwindigkeit von 25,5 kn wurde. Eine Besonderheit bei beiden Schiffen waren die hintereinander liegenden 2 Ruder, ein größeres Hauptruder und ein kleineres, davor liegendes Hilfsruder. Die Bewaffnung des Schiffes war wie bei «Moltke», wurde aber unter türkischer Flagge mehrfach geändert. Ab November 1912 gehörte «Goeben» als Flaggschiff, gemeinsam mit dem Kleinen Kreuzer «Breslau», zur neuaufgestellten Mittelmeerdivision, die hauptsächlich auf Grund des Balkankrieges formiert worden war. Bei Kriegsausbruch 1914 lag der Schlachtkreuzer in der Straße von Messina. Von hier aus begannen die «Breslau» und die «Goeben» am 6.8.1914 unter dem Befehlshaber Konteradmiral Wilhelm Souchon ihren Marsch nach den Dardanellen, eine in der Seekriegsgeschichte bewundernswerte und kühne Leistung. Souchon gelang es, die Briten, die ihn vor Gibraltar erwarteten, über seine wirklichen Absichten zu täuschen und nach einem Gefecht mit dem britischen Leichten Kreuzer «Gloucester» nach Konstantinopel durchzubrechen (10.8.1914). «Goeben» erhielt am 16.8.1914 den Namen «Yawuz Sultan Selim». Bis zur endgültigen Übergabe an die Türkei am 2. 11. 1918 war der Schlachtkreuzer an zahlreichen Vorstößen und Gefechten mit russischen und britischen Flottenkräften beteiligt. Obwohl die Entente nach Kriegsende die Auslieferung des Schiffes forderte, kam es dazu nicht und das Schiff lag bis 1926 nicht verwendungsbereit vor Istanbul. Von 1926 bis 1930 wurde der Schlachtkreuzer in Ismir durch die französische Penhôet-Werft instandgesetzt. 1930 konnte das Schiff wieder als «Yawuz Selim» in Dienst stellen (ab 1936 als «Yawuz»). Bis in die vierziger Jahre fuhr der Schlachtkreuzer als Flottenflaggschiff, gehörte nach dem Ende des Zweiten Weltkrieges zeitweise zu NATO-Verbänden und wurde am 20.12.1950 in das Reserveverhältnis überführt. Am 14.11.1954 erfolgte die Streichung aus der Liste der Kriegsschiffe, und das Schiff diente nun als Traditionsschiff. Von 1973 bis 1976 wurde es abgewrackt.

«Derfflinger»-Klasse

Großer Kreuzer «Lützow»

Schwesterschiffe: «Derfflinger», «Hindenburg»

Im Juli 1912 streckte die Schichau-Werft in Danzig den Kiel für das zweite Schiff der «Derfflinger»-Klasse. «Lützow» (Ersatzbau für Kreuzerkorvette «Kaiserin Augusta») lief am 29. 11. 1913 vom Stapel und stellte am 8. 8. 1915 in Dienst. Den Quellen zufolge waren die Schiffe der «Derfflinger»-Klasse vorzügliche Seeschiffe, die auch architektonisch außerordentlich gut gelungen waren. Mit dieser Schiffsklasse führte die deutsche Marine das 305-mm-Kaliber ein und nahm gravierende Veränderungen in der Aufstellung der schweren Artillerie, bei der Konstruktion und beim Antrieb vor. Die Schwere Artillerie bestand nur noch aus 8 Rohren, davon waren je 2 vorn und achtern überhöht angeordnet. Die wesentlichste Neuerung im schiffbaulichen Bereich war der Übergang zur Glattdeckbauweise, wobei die Mittelartillerie (14 150-mm-Geschütze in Kasematten) an Oberdeck und nicht mehr im Batteriedeck wie bei den Vorgängern aufgestellt waren. «Lützow» verfügte noch über 8 88-mm-Geschütze einzeln hinter Schilden. Im maschinenbaulichen Bereich war der teilweise Übergang zur Ölfeuerung der Kessel von großer Bedeutung. Die Turbinen-Antriebsanlage ermöglichte eine Leistung von gut 63 000 PS und eine Geschwindigkeit von etwa 26,5 kn. Alle 3 Schiffe der Klasse unterschieden sich äußerlich z. T. beträchtlich voneinander. Charakteristisch für «Lützow» waren die gleich hohen Schornsteine und die glatten Pfahlmasten. Im Ersten Weltkrieg war der Große Kreuzer an der Skagerrak-Schlacht am 31. 5./1. 6. 1916 beteiligt. Gemeinsam mit «Derfflinger» versenkte er den britischen Schlachtkreuzer «Invincible». «Lützow» erhielt selber schwere Treffer in Höhe des Torpedobreitseitraums, der konstruktiven Schwachstelle des Schiffes, und mußte nach Abbergen der Besatzung versenkt werden. Von der Besatzung waren 116 Mann im Kampf gefallen. Das Wrack wurde 1961/62 an der Untergangsstelle teilweise abgebrochen. In der Bundesrepublik wurde ein Verein «Museumsschiff SMS Lützow e. V.» gegründet.

Schiffsart und -klasse:
Großer Kreuzer (Schlachtkreuzer)

Schlachtkreuzer «Von der Tann»

Einzelschiff

Der Schlachtkreuzer «Von der Tann» lief am 20. 3. 1909 auf der Hamburger Werft Blohm & Voss als Neubau Großer Kreuzer «F» vom Stapel. Am 1. 9. 1910 erfolgte mit dem Setzen von Flagge und Wimpel die Indienststellung des Schlachtkreuzers. Der Kreuzerneubau war im wesentlichen eine Antwort auf die in England im Bau befindlichen Schlachtkreuzer der «Invincible»-Klasse. Bemerkenswert war die Verwendung eines Turbinenantriebs, die Einführung des Vierschraubenantriebs und der Einbau eines Schlingertanks. Die Maschinenanlage des Schlachtkreuzers erwies sich als ausgesprochen gute Konstruktion. Die vorgesehene Leistung von 42 000 PS wurde mit tatsächlichen 79 000 PS und entsprechend die geforderte Geschwindigkeit von 24,75 kn mit 27,4 kn wesentlich übertroffen. Der 21 000-t-Schlachtkreuzer erhielt 4 280-mm-Zwillingstürme in einer ähnlichen Aufstellung wie das britische Vorbild «Invincible», doch waren die mittleren Türme weiter diagonal versetzt und erhielten so günstigere Bestreichungswinkel nach beiden Seiten. Auch bei diesem Schlachtkreuzer verzichtete man nicht auf eine Mittelartillerie von 10 150-mm- und 16 88-mm-Geschützen. Zum anderen nahm man eine wesentliche Verstärkung der Panzerung vor, so wurden nicht nur ein zweites Panzerdeck als Horizontschutz umgebaut (dies hatten bereits die «Blücher» und die «Scharnhorst»), sondern darüber hinaus wurden die Vertikalpanzerung und der Unterwasserschutz verstärkt. Von den beiden Decks wirkte das obere als sogen. Krepierdeck, während das zweite insbesondere den Maschinenräumen Schutz gegen Geschoßsplitter gewähren sollte. Am 8. 5. 1911 trat «Von der Tann» zum Verband der Aufklärungsschiffe und absolvierte von diesem Tage an bis zum Beginn des Ersten Weltkrieges die Übungen und Manöver. Der Schlachtkreuzer nahm am 31. 5./1. 6. 1916 an der Seeschlacht vor dem Skagerrak teil. Trotz erheblicher Treffer überstand das Schiff die Schlacht ohne wesentliche Beschädigungen; 11 Tote und 35 Verwundete waren zu beklagen. Entsprechend den Bedingungen des Versailler Vertrages mußte «Von der Tann» nach Scapa Flow überführt werden. Dort wurde es am 21. 6. 1919 von der eigenen Besatzung versenkt. Ende 1930 wurde das Schiff gehoben, nach Lyness geschleppt und dort abgewrackt.

Schlachtkreuzer «Seydlitz»

Einzelschiff

Mit der Kiellegung des Neubaus «J» bei Blohm & Voss in Hamburg am 4.2.1911 begann der Lebenslauf eines Schiffes, das wie kein anderes der Flotte berühmt wurde. Nach Stapellauf (30.3.1912) und Indienststellung (22.5.1913) trat der Große Kreuzer zum Verband der Aufklärungsschiffe. «Seydlitz» war eine technisch gelungene Weiterentwicklung der «Moltke»-Klasse, rund 14 m länger. Besonderen Wert hatte man auf eine weitere Verbesserung der Sinksicherheit gelegt, u.a. durch Erhöhung des Vorschiffes. Keine Verbesserung gab es bei der schweren Artillerie. So blieb die «Seydlitz» mit ihren 10 280-mm-Geschützen hinter der neuen «Lion»-Klasse der Royal Navy mit deren 345-mm-Geschützen zurück. Der Schlachtkreuzer, angetrieben von 2 Turbinen, hatte eine maximale Wasserverdrängung von 28550 t. Mit einer Maschinenleistung von 67000 PS konnte «Seydlitz» eine Geschwindigkeit von 26,5 kn erreichen. «Seydlitz» hatte 27 Kessel, 81 Feuerlöcher; in den Bunkern lagerten 3600 t Kohle (= 360 Eisenbahnwaggons).

69

Während des Ersten Weltkrieges war der Kreuzer an der Schlacht auf der Doggerbank und an der Skagerrak-Schlacht beteiligt. Bei der Seeschlacht auf der Doggerbank traf eine 34,3-cm-Granate den Schlachtkreuzer, wobei zwei Türme außer Gefecht gesetzt wurden. 165 Mann starben in den glühenden Räumen. Durch Fluten der Munitionskammern konnte das Schiff gerettet werden. Auch während der Skagerrak-Schlacht erlitt «Seydlitz» schwerste Beschädigungen, konnte aber gleichfalls nach der Schlacht mit eigener Kraft (u.a. 5300 t Wasser im Schiff, vorn nur noch 2,5 m Freibord) Wilhelmshaven erreichen. Es waren 98 Tote und 55 Verwundete zu beklagen. Allein im Turm C starben 80 Matrosen einen grausamen Tod: «... ein Tod ohne Blut, ohne Leichen. Nachdem die Stichflamme zusammengefallen ist, gehen weiche, schwarze Flocken nieder.» (Theodor Plievier)

Nach dem Ersten Weltkrieg wurde «Seydlitz» nach Scapa Flow überführt und dort am 21.6.1919 von der Besatzung versenkt. Von den Briten wurde das Schiff am 2.11.1928 gehoben und bis 1930 abgewrackt.

Torpedoboote

Nach einigen Vorversuchen mit Spierentorpedoträgern in den siebziger Jahren des 19. Jahrhunderts hatte auch die deutsche Marine etwa seit 1882/84 unter der zielstrebigen Leitung von Alfred von Tirpitz die rasche Entwicklung von Torpedobooten betrieben. Bereits 1873 erhielt das Kanonenboot «Basilisk» anstelle seines 155-mm-Geschützes ein Torpedorohr und wurde damit das erste Torpedofahrzeug der Kaiserlichen Marine. Entscheidenden Anteil an der Entwicklung des Torpedos hatte der englische Industrielle Robert Whitehead, der nach einer Idee des Österreichers Luppius den ersten brauchbaren Torpedoantrieb konstruierte und geschäftstüchtig Lizenzen vergab. Bedeutende Verbesserungen der Torpedos waren z. B. das 1895 von Obry entwickelte Kreiselgerät für die Kurssteuerung sowie das 1911 eingeführte Nachblasen des Kreiselrotors mit Druckluft. 1881 rüstete man die ersten drei der sogen. Devrientschen Boote (1871 auf der Werft Devrient in Danzig gebaut) mit einem «Torpedolancierrohr» am Bug aus. Sie waren vollständig aus Eisen gebaut, 20 m lang und hatten eine Wasserverdrängung von 34 t. Weitere Spierentorpedoboote waren die 1872 bis 1874 bei der AG Vulcan in Stettin gebauten «Notus», «Zephir» und «Rival». 1876 lief auf der Werft der Stettiner Maschinenbau-Aktiengesellschaft das Torpedoboot «Ulan», ein Zweischornsteindampfer mit einem «Unterwasser-Lancir-Apparat» vom Stapel. Der Einsatz von «Ulan» lieferte wertvolle Erkenntnisse für die Weiterentwicklung der Torpedowaffe und für die Ausbildung des Personals.

Ab 1884/85 erhielt die Kaiserliche Marine Torpedoboote, die mit den Anfangsbuchstaben der Bauwerft und laufenden Nummern bezeichnet wurden. Es waren W 1–W 6 (AG Weser, Bremen), V 1–V 10 (AG Vulcan, Stettin), S 1–S 6 (Schichau, Elbing), Th 1 und Th 2 (John J. Thorneycroft & Co., Chiswich), Y (Yarrow & Co., London) und G (Germania-Werft, Kiel). Zwischen 1885 und 1898 liefen Torpedoboote nur noch auf der Schichau-Werft in Elbing vom Stapel (S 7–S 87).

Ab 1886 leitete Tirpitz die neu errichtete Torpedoinspektion der Marine. Mit der Entwicklung des Anti-Torpedoboots, des «torpedoboat destroyers», durch die Royal Navy begann um die Jahrhundertwende ein neuer Abschnitt im Bau von Torpedobooten. So liefen ab 1898 mit der Serie S 90 die ersten deutschen Hochseetorpedoboote vom Stapel, auch Große Torpedoboote genannt. S 90 verdrängte 310 t, war 63 m lang, lief 27 kn und war bewaffnet mit 3 50-mm-Schnelladekanonen in Torpedolaffetten und 3 Deckstorpedorohren von 45 cm Kaliber.

1901 hatte die Kaiserliche Marine in Friedrichsort ihre eigene Torpedowerkstatt eingerichtet, die deutschen Torpedos verfügten über eine Reichweite von 3 000 m, ihre Geschwindigkeit betrug 27 kn.

Zwischen 1899 und 1907 liefen bei Schichau und auf der Kieler Germania-Werft insgesamt 48 weitere Torpedoboote vom Stapel. Sie waren von 91 bis 137 numeriert und trugen davor als Buchstaben das Initial der Bauwerft. Weitere große Torpedoboote mit den Nummern 138 bis 197 und den Anfangsbuchstaben der Bauwerften (Schichau, Vulcan, Germania) liefen zwischen 1906 und 1911 vom Stapel. Die Torpedobewaffnung bestand aus 3 Deckstorpedorohren von 45 cm Kaliber, ab G 174 aus 4 Rohren des Kalibers 50 cm. 1911 begann die Stettiner Vulcan-Werft Torpedoboote mit einer Wasserverdrängung von 569 t zu liefern. Diese Boote erhielten eine neue Numerierung und die einheitliche Bezeichnung «T». Weitere Serien Großer Torpedoboote liefen z. B. 1914 (V-25-Klasse) mit 812 bis 960 t und 1916 (G-96-Klasse) vom Stapel.

Mit Kriegsausbruch begann man auf der Vulcan-Werft in Hamburg erneut mit dem Bau kleinerer Torpedoboote (Torpedoboote des Typs A I), die für die Küstenverteidigung, hauptsächlich aber für den Einsatz an der flandrischen Küste vorgesehen waren.

Die meisten Torpedoboote der Kaiserlichen Marine wurde nach 1918 abgewrackt, die neueren meist ausgeliefert, einige ältere übernahm die Reichsmarine der Weimarer Republik.

Hochsee G. Torpedobootsdivision.

2792.
Durchbruch einer Torpedoboots-Division.

Kreuzer IV. Klasse,
1899: Kleiner Kreuzer
Typschiff

Kleiner Kreuzer «Gazelle»

Schwesterschiffe: «Niobe», «Nymphe», «Thetis», «Ariadne», «Amazone», «Medusa», «Frauenlob», «Arcona», «Undine»

Den Auftrag zum Neubau Kreuzer «B» erhielt die Germania-Werft in Kiel. Damit begann nach den Übergangslösungen «Gefion» und «Hela» die Entwicklung einer ganzen Schiffsgruppe von modernen, leichten Kriegsschiffen der deutschen Flotte. Durch das 1. Flottengesetz wurde die Stückzahl Kleiner Kreuzer auf 10 festgelegt. Neben Faktoren wie Geschwindigkeit, Bewaffnung und Standfestigkeit galt es, die Verwendungsmöglichkeit nicht nur als Aufklärer, sondern auch für den Auslandseinsatz zu berücksichtigen. Nach Kiellegung (April 1897), Stapellauf (31.3.1898) und einer längeren Erprobung auf Grund technischer Schwierigkeiten stellte der Kreuzer endgültig am 15.6.1901 in Dienst. Die Schiffe der «Gazelle»-Klasse waren vorzügliche Seeschiffe, die gut manövrierten und drehten. Die maximale Wasserverdrängung des Typschiffes lag bei 2963 t. Die eingebauten 8 französischen Niclausse-Kessel mit einer Leistung von 6671 PS verliehen dem Kreuzer eine Geschwindigkeit von rund 20 kn. Stärkste Bewaffnung war die mittlere Artillerie mit 10 105-mm-Geschützen. Von 1902 bis 1904 war der Kreuzer im Auslandseinsatz. 1902 gehörte er der neu gebildeten «Ostamerikanischen Kreuzer-Division» an und beteiligte sich mit dem Großen Kreuzer «Vineta» an der Blockade der venezolanischen Küste. Die während der Übersee-Einsätze des Kreuzers gemachten Erfahrungen führten 1905/07 zu Umbauten, darunter zum Austausch der Maschinenanlage. Während des Ersten Weltkrieges handelte «Gazelle» hauptsächlich im Rahmen der «Küstenschutz-Division der Ostsee» und wurde nach Minentreffer ab 1916 als Minenlagerhulk verwendet. 1920 wurde sie aus der Liste der Kriegsschiffe gestrichen und in Wilhelmshaven abgewrackt.

«Gazelle»-Klasse

Kleiner Kreuzer «Nymphe»

Schwesterschiffe: «Gazelle», «Niobe», «Thetis», «Ariadne», «Amazone», «Medusa», «Frauenlob», «Arcona», «Undine»

Kurz vor Fertigstellung des ersten Schiffes dieser Klasse, der «Gazelle», wurde auf der Germania-Werft im November 1898 der Kiel für den zweiten Auftrag, den Neubau «A», gestreckt, der am 21. 11. 1899 vom Stapel lief. Nach der Indienststellung am 20.9.1900 wurde «Nymphe» nicht in die Flotte eingegliedert, sondern innerhalb der Torpedo-Inspektion bis Januar 1905 dem Flottenversuchskommando zugeteilt. «Nymphe» hatte eine maximale Wasserverdrängung von 3082 t, eine Maschinenleistung von 8862 PS und eine Geschwindigkeit von 21,5 kn. Ab 1906 gehörte der Kleine Kreuzer als Artillerieschulschiff zum «Verband der Schul- und Versuchsschiffe». 1907 wurde «Nymphe» in der Kaiserlichen Werft Wilhelmshaven artilleristisch umgerüstet. Die auf der Backbordseite befindlichen 4 105-mm-Geschütze wurden durch 4 88-mm- und 2 52-mm-Geschütze ersetzt. Nach wiederholten Außerdienststellungen wurde der Kreuzer mit Beginn des Ersten Weltkrieges aktiviert und bis zur erneuten Außerdienststellung am 1. 11. 1916 als Schul- und Versuchsschiff im Rahmen der Torpedo-Inspektion eingesetzt. Nach der Außerdienststellung wurde das Schiff desarmiert und diente bis Kriegsende als Wohn- und Exerzierschiff. Nach dem Kriege gehörte «Nymphe» der Reichsmarine an und wurde von 1922 bis 1924 in Wilhelmshaven modernisiert und armiert. «Nymphe» erhielt u. a. statt des vorspringenden Rammsporns einen modernen Kreuzerbug und einen neuen Fockmast. 1931 wurde «Nymphe» aus der Liste der Kriegsschiffe gestrichen, verkauft und 1932 abgewrackt.

«Gazelle»-Klasse

Kleiner Kreuzer «Thetis»

Schwesterschiffe: «Gazelle», «Niobe», «Nymphe», «Ariadne», «Amazone», «Medusa», «Frauenlob», «Arcona», «Undine»

Im September 1899 streckte die Kaiserliche Werft Danzig den Kiel für den Kreuzerneubau «C», der am 3.7.1900 vom Stapel lief. Am 14.9.1901 in Dienst gestellt, lief «Thetis» nach Erledigung der Erprobungen und Ausrüstung für den Überseeeinsatz am 1.12.1901 nach Ostasien aus. Bis Sommer 1905 versah «Thetis» den üblichen Dienst in chinesischen und japanischen Gewässern. Ende August 1905 wurde «Thetis» nach Deutsch-Ostafrika beordert, um gemeinsam mit anderen Kräften den dort ausgebrochenen Maji-Aufstand blutig niederzuschlagen. Ab 1906 befand sich «Thetis» zur Grundüberholung in Danzig und verblieb bis zum Ersten Weltkrieg in Reserve der Flotte. «Thetis» war damit der einzige Kleine Kreuzer der Kaiserlichen Marine, der in Friedenszeiten keinen Dienst in der Heimatflotte getan hat. Während des Ersten Weltkrieges war der Kleine Kreuzer an verschiedenen Operationen der östlichen Ostsee beteiligt. Im September 1915 mußte er infolge einer Minenbeschädigung außer Dienst gestellt werden. Nach der erneuten Indienststellung am 19.10.1917 wurde «Thetis» bis Kriegsende als zweites Artillerieschulschiff verwendet. Danach gehörte der Kreuzer der Reichsmarine und wurde geringfügig modernisiert am 2.4.1922 erneut in Dienst gestellt. Von 1924 bis 1929 wurde «Thetis» als Wohnschiff in Wilhelmshaven genutzt. Am 27.3.1929 wurde der Kleine Kreuzer aus der Liste der Kriegsschiffe gestrichen, im selben Jahr verkauft und in Hamburg abgewrackt.

«Gazelle»-Klasse

Kleiner Kreuzer «Frauenlob»

Schwesterschiffe: «Gazelle», «Niobe», «Nymphe», «Thetis», «Ariadne», «Amazone», «Medusa», «Undine», «Arcona»

Im Sommer 1901 erhielt die Weserwerft in Bremen den Bauauftrag zum Neubau des Kreuzers «G». Der Stapellauf erfolgte am 22. 3. 1902. «Frauenlob» wurde am 17. 2. 1903 von der Flotte übernommen. Auf Grund der bisher vor allem mit «Gazelle» und «Niobe» gemachten Erfahrungen erhielten die restlichen noch zu bauenden Schiffe, darunter «Frauenlob», eine stärkere Kommandoturmpanzerung und eine größere Breite, wodurch mehr Kohlen gebunkert werden konnten. Die 105,0 m lange und 12,4 m breite «Frauenlob» hatte eine maximale Wasserverdrängung von 3 180 t. Die Maschinenleistung lag bei 8 854 PS, was eine Geschwindigkeit von 21,5 kn erlaubte. Die Besatzungsstärke der Kleinen Kreuzer lag zwischen 270 und 329 Mann. Von 1903 bis 1907 nahm «Frauenlob» am üblichen Flottendienst teil. Anfang 1908 stellte das Schiff außer Dienst. Der Grundreparatur in Wilhelmshaven folgten Sommer 1912/Januar 1913 die Entfernung der 4 Oberdeckgeschütze und die Aufstellung von 10 37-mm-Geschützen zu Schulzwecken. Mit Beginn des Ersten Weltkrieges aktiviert geriet «Frauenlob» Ende August 1914 während des britischen Einbruchs in die Deutsche Bucht in Gefechtsberührung mit dem britischen Kleinen Kreuzer «Arethusa». Auf «Frauenlob» gab es 5 Tote und 32 Verwundete. Während der Skagerrak-Schlacht (31.5./1. 6. 1916) erhielt der Kleine Kreuzer beim Nachtmarsch einen Torpedotreffer des Leichten Kreuzers «Southampton», der zum Totalverlust des Schiffes führte. 324 Mann der Besatzung verloren ihr Leben.

77 Den Auftrag zum Kreuzerneubau «J» erhielt die Howaldts-Werft in Kiel. Am 28.9.1901 wurde der Kiel gestreckt. Der Stapellauf fand am 28. 9. 1901 statt. «Undine» wurde am 5. 1. 1904 von der Kaiserlichen Marine übernommen und der Gruppe der Schul- und Versuchsschiffe als Artillerie-Schulschiff zugeteilt. Wie alle Schiffe der «Gazelle»-Klasse war auch «Undine» ein äußerst schnelles und vorzüglich manövrierendes Seeschiff. Die zwei stehenden Dreifachexpansionsmaschinen, die die Doppelschrauben antrieben, leisteten rund 8 000 PS und erlaubten eine Geschwindigkeit von 21,5 kn. Der mitgeführte Kohlenvorrat von gut 500 t reichte bei einer Durchschnittsgeschwindigkeit von 10–12 kn für etwa 5 000 sm, d.h. von Deutschlands Küsten bis Kamerun. Grundsätzlich hatte man bei diesen modernen 3 000-t-Kreuzern auf eine zusätzliche Takelung verzichtet. Die Bewaffnung des Kreuzers, die hauptsächlich aus 10 105-mm-Schnelladekanonen und 14 Maschinenkanonen bestand, war so angeordnet, daß mit den 105-mm-Kanonen ein wirkungsvolles Breitseit-, Bug- und Heckfeuer möglich war. Die Torpedobewaffnung bestand aus je einem schwenkbaren Torpedorohr auf dem Oberdeck und einem Unterwasserbugrohr, das unter dem sehr langen und spitzen Rammsporn lag. «Undine» gehörte zu Beginn des Ersten Weltkrieges zur Küstenschutzdivision der Ostsee und versah meist Sicherungsdienst auf der Linie Trelleborg–Saßnitz. Am 7. 11. 1915 wurde sie halbwegs zwischen Stubbenkammer und Trelleborg durch 2 Torpedotreffer des britischen U-Boots 19 versenkt. Das Fährschiff «Preußen» und das T-Boot V 154 retteten den größten Teil der Besatzung; 25 Mann fanden den Tod.

Kleiner Kreuzer
«Undine»

«Gazelle»-Klasse
Schwesterschiffe: «Gazelle», «Niobe», «Nymphe», «Thetis», «Ariadne», «Amazone», «Medusa», «Frauenlob», «Arcona»

«Bremen»-Klasse

Kleiner Kreuzer «Hamburg»

Schwesterschiffe: «Bremen», «Berlin», «Lübeck», «München», «Leipzig», «Danzig»

Die ersten Neubauten der Kleinen Kreuzer der «Städteklasse» wurden 1902 in Auftrag gegeben; für den Neubau «K» streckte man noch im August bei der A.G. Vulcan in Stettin den Kiel. Am 25. 7. 1903 lief der Kleine Kreuzer mit dem Namen «Hamburg» vom Stapel. Nach Überführung von Stettin nach Kiel mit Werftbesatzung stellte der Kreuzer als erstes Schiff dieser Klasse am 8.3.1904 in Dienst. «Hamburg» verfügte über zwei stehende dreizylindrige Dreifachexpansionsmaschinen mit einer Leistung von etwa 11 582 PS. Die Wasserverdrängung des voll ausgerüsteten Kreuzers lag bei 3 816 t, die Geschwindigkeit bei etwa 22,0 kn. Die Bewaffnung bestand aus 10 (ab 1916 nur noch 6) 105-mm-Schnellladekanonen und 10 37-mm-Maschinenkanonen; in der Reichsmarine der Weimarer Republik waren es nur noch 10 105-mm-Geschütze und 2 Torpedorohre (50 cm). Ab Herbst 1904 nahm der Kleine Kreuzer für die nächsten Jahre an den üblichen Ausbildungstörns, Übungen und Manövern teil. Im Sommer 1912 wurde «Hamburg» als Führerschiff bei der U-Boot-Flottille eingesetzt. Der kleine Kreuzer unterstand der Inspektion des Torpedowesens, ab 15. 3. 1914 der neugebildeten Inspektion des U-Bootwesens. Bei Ausbruch des Ersten Weltkrieges gehörte «Hamburg» als Führerkreuzer zur I. U-Boot-Flottille; mit Schaffung der Dienststellung Führer der U-Boote (F. d. U.) wurde der Kleine Kreuzer zum Führerschiff des F. d. U. und auch mehrfach zu Unternehmen der Hochseeflotte herangezogen. Während der Seeschlacht vor dem Skagerrak erhielt «Hamburg» mehrere Treffer und hatte 14 Tote, 15 Schwer- und 20 Leichtverwundete zu beklagen. Bis Kriegsende diente der Kleine Kreuzer als Sitz des F.d.U./B.d.U. und auch als Wohnschiff für U-Boot-Kommandanten und -Besatzungen in Wilhelmshaven. Nach dem Ersten Weltkrieg gehörte der Kleine Kreuzer zur Reichsmarine und wurde 1927 nach einer 13monatigen Weltreise als Schulkreuzer außer Dienst gestellt. Ab 1936 nutzte man das Schiff als Wohnhulk, bis es 1944 von britischen Bombern in Hamburg-Moorburg versenkt wurde. 1949 hob man das Wrack und brach es 1956 ab.

«Bremen»-Klasse

Kleiner Kreuzer «Lübeck»

Schwesterschiffe: «Bremen», «Hamburg», «Berlin», «München», «Leipzig», «Danzig»

Den Zuschlag auf den Bau des vierten der Kleinen Kreuzer der ersten «Städteklasse» erhielt die A. G. Vulcan, Stettin. Das Schiff wurde am 12. 5. 1903 auf Stapel gelegt. Bei dem Stapellauf am 26.3.1904 war auch der Staatssekretär im Reichsmarineamt, Admiral von Tirpitz, anwesend. «Lübeck» erhielt als erstes größeres Kriegsschiff als Maschinenanlage einen Turbinenantrieb, bestehend aus 2 Systemen Parsons-Turbinen von Brown/Boveri & Cie mit einer Leistung von über 14000 PS. Doch die Geschwindigkeit – dies wurde bei Vergleichsfahrten zwischen «Lübeck» und «Hamburg» (22,0 kn) im September 1905 deutlich –, übertraf mit etwa 22,5 kn nicht wesentlich die der Schwesterschiffe. Der Kleine Kreuzer hatte einen Namensvorgänger in der Deutschen Bundesflotte von 1848, den 1844 in England vom Stapel gelaufenen hölzernen Raddampfer «Robert Napier» (ab 1846 «Lübeck»).

Nach der Indienststellung am 26.4.1905 fuhr der Kreuzer als Führerschiff der Schultorpedobootflottille und im Verband der Schul- und Versuchsschiffe. 1911 wurde «Lübeck» außer Dienst gestellt und erst mit Kriegsausbruch 1914 zunächst im Rahmen der Ostsee-Küstenschutzdivision im Sund, später in der östlichen Ostsee eingesetzt. Nach einem Minentreffer (1916) erfolgten auf der Vulcan-Werft erhebliche Umbauten, die das Aussehen des Schiffes wesentlich veränderten. Auch wurde die Bewaffnung durch Einbau von 2 150-mm-Geschützen geändert. Ab 1917 diente der Kleine Kreuzer als Zielschiff für die U-Boot-Schule, ab 1918 für den U-Kreuzer-Verband. «Lübeck» wurde am 5.9.1919 aus der Liste der Kriegsschiffe gestrichen und als Schiff «P» an Großbritannien übergeben. 1922/23 in Deutschland abgewrackt.

«Bremen»-Klasse

Kleiner Kreuzer «München»

Schwesterschiffe: «Bremen», «Hamburg», «Berlin», «Lübeck», «Leipzig», «Danzig»

Von den sieben Kleinen Kreuzern der ersten «Städteklasse» streckte die A.G. «Weser» in Bremen am 18.8.1903 den Kiel für Neubau «M». Der Stapellauf fand am 30.4.1904 in Gegenwart des Prinzen Ludwig von Bayern statt. Am 10.1.1905 stellte «München» offiziell in Dienst. Anschließend trat der Kleine Kreuzer zu dem aus Schulschiffen der verschiedenen Inspektionen gebildeten «Verband der Schul- und Versuchsschiffe» (endgültige Bezeichnung «Lehr-Geschwader»). «München» hatte voll ausgerüstet eine Wasserverdrängung von 3816 t. Mit einer Maschinenleistung von über 12000 PS erreichte der Kleine Kreuzer eine Geschwindigkeit von etwa 22,5 kn. Wie alle Schiffe der «Bremen»-Klasse verfügte «München» über 10 105-mm-Schnellfeuerkanonen und zeitweise bis zu 14 Maschinenkanonen sowie 2 Torpedorohre (45 cm). Während der planmäßigen Übungen und Manöver des Jahres 1907 erfolgten im Juni erstmalig Angriffsversuche eines U-Bootes (U 1) auf ein Kriegsschiff, in diesem Falle auf den Kleinen Kreuzer «München». Anfang 1910 rammte der Kleine Kreuzer das Torpedoboot S 122, welches während einer Übung versuchte, mit seinem Rottenboot vor der zur Sicherung des Gros fahrenden «München» vorbeizukommen. Bei dem Unfall wurden 2 Mann von S 122 getötet; es gelang, den Havaristen nach Saßnitz zu schleppen. Bei Kriegsausbruch 1914 wurde «München» der III.A.G. eingegliedert, die am 25.8. die Bezeichnung «IV.A.G.» erhielt. Der Kleine Kreuzer nahm an zahlreichen Flottenvorstößen teil. In der Skagerrak-Schlacht am 31.5./1.6.1916 geriet «München» gegen 19.00 Uhr in ein Gefecht mit dem britischen III. Kreuzergeschwader, wobei der Kleine Kreuzer 2 Treffer erhielt und 4 Tote sowie 20 Verwundete zu beklagen hatte. Beim letzten aktiven Einsatz am 18./19.10.1916 wurde «München» vom britischen U-Boot E 38 torpediert (3 Tote), konnte aber im Schlepptau die Jade erreichen. 1918 diente es als Wohnschiff für die Sund-Bewachung. Am 5.11.1919 wurde der Kleine Kreuzer aus der Liste der Kriegsschiffe gestrichen und am 6.7.1920 an Großbritannien ausgeliefert und dort abgewrackt.

«Bremen»-Klasse

Kleiner Kreuzer «Leipzig»

Schwesterschiffe: «Bremen», «Hamburg», «Berlin», «Lübeck», «München», «Danzig»

Zunächst legte man von 1897 bis 1901 die Schiffe der «Gazelle» – und «Frauenlob»-Klasse auf Stapel. Die danach gebauten 7 Kleinen Kreuzer der ersten «Städteklasse» wiesen gegenüber den Vorgängern im wesentlichen größere Rumpfabmessungen, höhere Maschinenleistung und Geschwindigkeit auf. Für den Kleinen Kreuzer «N» streckte die A.G. «Weser», Bremen, am 12.7.1904 den Kiel. Am 21.3.1905 lief das Schiff vom Stapel. Den im Februar 1906 beendeten Werfterprobungen und dem Einbau der Artillerie folgten Probefahrten und erste Indienststellung. «Leipzig» hatte voll ausgerüstet eine Wasserverdrängung von 3816 t, war 111,1 m lang, 13,3 m breit und verfügte über einen Tiefgang von 5,61 m. Mit einer Maschinenleistung von rund 11000 PS erreichte der Kleine Kreuzer eine Geschwindigkeit von etwa 22,0 kn. Bei durchschnittlich 12,0 kn konnte «Leipzig» eine Strecke von 4690 sm zurücklegen. Die neuen Kreuzer der «Städteklasse» verfügten über 3 Schornsteine. An Bewaffnung waren bei «Leipzig» 10 105-mm-Geschütze, zeitweise 10 Maschinenkanonen (37 mm) und 2 Torpedorohre vorhanden. «Leipzig» trat bereits 1907 in Hongkong zum Ostasiatischen Kreuzergeschwader, wo sie den Großen Kreuzer «Hansa» ersetzte. Von 1911 bis 1913 hielt sich der Kleine Kreuzer meist in chinesischen Gewässern auf und war insbesondere während der revolutionären Unruhen in China mit dem Schutz deutscher Interessen betraut. Mit Ausbruch des Ersten Weltkrieges strebte «Leipzig» die Vereinigung mit dem Kreuzergeschwader in Ostasien an, was am 14.10.1914 bei den Osterinseln geschah. Wenige Tage später (1.11.) war «Leipzig» gemeinsam mit dem Panzerkreuzer «Scharnhorst» und «Gneisenau» am Seegefecht vor Coronel beteiligt. In diesem Seegefecht sanken die britischen Schiffe «Good Hope» und «Monmouth». Am 8.12.1914 traf das Kreuzergeschwader bei den Falklandinseln auf überlegene britische Schlachtkreuzer. Obwohl die Kleinen Kreuzer das Signal erhielten «Entlassen – versuchen sie zu entkommen» wurde «Leipzig» von den britischen Panzerkreuzern «Cornwall» und «Kent» gestellt und am Abend des 8.12. auf 53° 55′ s.Br. 55° 55′ w.L. mit 325 Besatzungsmitgliedern versenkt.

Typschiff der «Dresden»-Klasse

Kleiner Kreuzer «Dresden» (I)

Schwesterschiff: «Emden»

Das Konstruktions-Departement des Reichsmarineamtes entwarf 1905 zwei kleine Kreuzer, mit denen die 1879/88 konstruierten, völlig veralteten Avisos «Pfeil» und «Comet» ersetzt werden sollten. Den Bauauftrag für Ersatz «Comet» erhielt die Hamburger Werft Blohm & Voss, wo das Schiff am 5.10.1907 vom Stapel lief. Nach längeren, in mehreren Abschnitten vorgenommenen Erprobungen stellte «Dresden» am 14.11.1908 in Dienst. Während der Kleine Kreuzer «Dresden» mit modernen Parsons-Turbinen ausgerüstet wurde, erhielt das Schwesterschiff «Emden» noch eine dreizylindrige Dreifachexpansionsmaschine herkömmlicher Art. «Dresden», ausgerüstet mit 10 105-mm-Schnellfeuerkanonen und 8 52-mm-Geschützen sowie 24,0 kn schnell, trat unmittelbar nach der Indienststellung eine Auslandsreise an, die das Schiff von Wilhelmshaven nach New York führte. Von April bis August 1913 gehörte der «Kleine Kreuzer» zur neu gebildeten «Mittelmeer-Division» unter Konteradmiral Trummler. Von Ende 1913 bis kurz vor Kriegsausbruch im August 1914 kreuzte «Dresden» gemeinsam mit anderen Kriegsschiffen vor der mexikanischen Küste von Veracruz, um angesichts der revolutionären Ereignisse in Mexiko den Schutz von Zivilisten zu übernehmen. Nach anfänglichen Versuchen, Kreuzerkrieg im Atlantik zu führen, entschloß sich der Kommandant der «Dresden», das Operationsgebiet in den Pazifik zu verlegen. Am 12.10.1914 traf sie in der Cook-Bay der Pazifikinsel Eromanga mit dem ostasiatischen Kreuzergeschwader unter Vizeadmiral Graf von Spee zusammen und nahm am 1.11.1914 an der Seeschlacht bei Coronel teil. Nach der Schlacht bei den Falkland-Inseln am 8.12.1914 beabsichtigte «Dresden» nach Erhalt des Signals «Entlassen – versuchen sie zu entkommen» die Gewässer von Niederländisch-Indien zu erreichen, um hier Kreuzerkrieg zu führen. Nach verschiedenen Aufenthalten in chilenischen Gewässern wurde «Dresden» aber bereits am 9.3.1915 in ihrem Schlupfwinkel in der Cumberland-Bay der Insel Más a Tierra von überlegenen britischen Kriegsschiffen (Panzerkreuzer «Kent», Kleiner Kreuzer «Glasgow», Hilfskreuzer «Orama») gestellt und, nachdem sie außer Gefecht gesetzt worden war, von der eigenen Besatzung gesprengt. Der größte Teil der Besatzung wurde interniert und gelangte erst Anfang 1920 wieder nach Deutschland zurück. Einigen wenigen gelang es, auf abenteuerliche Weise Deutschland zu erreichen. 1960 wurde das Wrack von Tauchern wiederentdeckt. Gehobene Ausrüstungsteile befinden sich in der Marineschule Mürwik.

Typschiff: «Dresden» (I)

Kleiner Kreuzer «Emden»

Schwesterschiff: «Dresden» (I)

Das Schwesterschiff des Kleinen Kreuzers «Dresden», mit dessen Bau als Ersatz «Pfeil» am 1. 11. 1906 auf der Kaiserlichen Werft Danzig begonnen wurde, lief am 26.5.1908 vom Stapel. Nach Probefahrten stellte «Emden» am 10. 7. 1909 in Dienst. Deutschland hatte sich bereits mit der «Bremen»-Klasse (1902) und der «Stuttgart»-Klasse (1905) auf eine kontinuierliche Entwicklung Kleiner Geschützter Kreuzer eingestellt. Entsprechend diesen Maßstäben verfügte das Schiff voll umgerüstet über eine Wasserverdrängung von 4268 t, über eine Maschinenleistung von 16390 PS und über eine maximale Geschwindigkeit von 24 kn. «Emden» führte 10 Geschütze vom Kaliber 105 mm und 8 52-mm-Kanonen. Nach der Indienststellung wurde «Emden» dem in Ostasien stationierten Kreuzergeschwader eingegliedert. Ende 1910/Anfang 1911 war «Emden» gemeinsam mit anderen Kräften der Kaiserlichen Marine zur Niederschlagung eines Aufstandes auf der Karolineninsel Ponape eingesetzt. Bei Beginn des Ersten Weltkrieges wurde «Emden» aus dem Kreuzergeschwader entlassen mit dem Auftrag, im Indischen Ozean Handelskrieg zu führen. Nach Zerstörung des Öltanks von Madras an der Ostküste Indiens im September 1914 und der Versenkung mehrerer Dampfer stand «Emden» am 28.10.1914 vor der Einfahrt von Penang und versenkte dort den im Hafen liegenden russischen Kreuzer «Schemtschug» sowie den französischen Zerstörer «Mousquet». Wenige Tage später stellte der an Geschwindigkeit und Bewaffnung überlegene britische Kreuzer «Sydney» die «Emden» bei den Cocosinseln. Der Kleine Kreuzer wurde versenkt; einem Teil der Besatzung der «Emden» gelang mit dem Dreimast-Marssegelschoner «Ayesha» auf teilweise abenteuerliche Weise die Flucht nach Konstantinopel. Im Laufe einer zweimonatigen Kreuzfahrt von 30000 sm hatte die «Emden» 23 Schiffe mit 101182 BRT, die einschließlich der Ladung einen Wert von rund 10 Mill. Dollar hatten, gekapert oder vernichtet. Die seemännischen Leistungen der Besatzung und der Einsatz des Kleinen Kreuzers bei der Handelskriegführung gehören zu den bedeutenden Ereignissen in der Seekriegsgeschichte.

Typschiff der «Kolberg»-Klasse

Kleiner Kreuzer «Kolberg»

Schwesterschiffe: «Mainz», «Cöln» (I), «Augsburg»

Am 24.8.1907 erhielt die Schichau-Werft in Danzig den Auftrag zum Bau des Kreuzers (Ersatz «Greif»). Der Stapellauf fand am 14.11.1908 statt. Erst am 21.6.1910 konnten Flagge und Wimpel gesetzt und der Kleine Kreuzer offiziell in die Flotte übernommen werden. Der Kreuzer hatte eine Wasserverdrängung von 4915 t und die eingebauten Melms & Pfenniger-Turbinen ermöglichten bei einer Leistung von 19000 PS eine Geschwindigkeit von 25,5 kn. Die 4 Schiffe der «Kolberg»-Klasse waren gute Seeschiffe, wenn auch etwas steif, stark schlingernd und schlecht drehend. Die Kleinen Kreuzer der «Kolberg»-Klasse wurden mit 12 105-mm-Schnellfeuerkanonen ausgerüstet. In der Regel führten sie noch 100 Minen mit. Mit Kriegsausbruch 1914 wurde der Kreuzer im Vorposten- und Sicherungsdienst in der Nordsee eingesetzt. Am 24.1.1915 nahm der Kreuzer «Kolberg» am Gefecht auf der Doggerbank teil. «Kolberg» erhielt 2 Treffer (2 Tote, 2 Verwundete). Im Sommer und Herbst 1915 war der Kleine Kreuzer an verschiedenen Operationen in der Ost- und Nordsee beteiligt, so u.a. am 11./12.9. an dem Flottenvorstoß zur Sicherung des Minenunternehmens zur Swarte-Bank. 1916 wurde «Kolberg» in der Kaiserlichen Werft in Kiel überholt und umgebaut. Sie erhielt bei dieser Gelegenheit 6 150-mm-Geschütze und zusätzlich 2 Deckstorpedorohre. 1917 beteiligte sich «Kolberg» an der Seeoperation zur Besetzung der Baltischen Inseln Dagö und Ösel. Anfang 1918 erhielt «Kolberg» noch 2 88-mm-Flak-Geschütze. «Kolberg» wurde am 28.4.1920 als Reparationsschiff «W» an Frankreich übergeben, nachdem das Schiff bereits 1919 aus der Liste der Kriegsschiffe gestrichen worden war. Als Kreuzer «Colmar» versah das Schiff noch bis 1927 Dienst in der französischen Marine. 1929 wurde das Schiff abgewrackt.

S. M. Kleiner Kreuzer „Mainz" †
(Schwesterschiffe: „Kolberg", Köln", Augsburg")
nach einem Aquarell des Marinemalers Malchin unter Verwendung amtlicher Vorlagen des Reichsmarineamts
ist im Kampfe mit überlegenen Gegnern am 28. Aug. 1914 nordwestlich Helgoland gemeinsam mit dem Schwesterschiff S. M. Kleiner Kreuzer „Cöln", S. M. Kleiner Kreuzer „Ariadne" und S. M. Torpedoboot „V 187" gesunken.
Fertigstellung: 1909. Wasserverdrängung: 4350 t. Besatzung: 387.

«Kolberg»-Klasse

Kleiner Kreuzer «Mainz»

Schwesterschiffe:
«Kolberg», «Cöln» (I), «Augsburg»

Im September 1907 streckte die A.G. Vulcan, Stettin, den Kiel des Kleinen Kreuzers Ersatz «Jagd» der «Kolberg»-Klasse. Der Stapellauf erfolgte am 23. 1. 1909. «Mainz» trat am 1. 10. 1909 zur Flotte und wurde in den Verband des Befehlshabers der Ausbildungsschiffe als Ersatz für den Kleinen Kreuzer «Danzig» eingereiht. Die Baukosten für den Kleinen Kreuzer lagen bei 8,7 Millionen Mark. Der 130,5 m lange, mit AEG-Curtiss-Turbinen ausgerüstete Kreuzer hatte eine Gesamtleistung von über 20 000 PS, die ihm eine Geschwindigkeit von 26 kn ermöglichten. Die Hauptbewaffnung bestand aus 12 105-mm-Geschützen (zeitweise 4 52-mm-Kanonen). Außerdem existierten 2 Torpedoabgangsrohre vom Kaliber 45 cm. Bei Ausbruch des Ersten Weltkrieges gehörte der Kleine Kreuzer zur Sicherung der Deutschen Bucht. Bei einer Überprüfung der Fischereifahrzeuge auf der Doggerbank am 21./22. 8. 1914 wurde «Mainz» als Sicherung herangezogen, ebenso bei einer Minen-Unternehmung am 23./26. 8. 1914 vor den Mündungen von Tyne und Humber. Bei einem Gefecht mit überlegenen britischen Seestreitkräften am 28. 8. 1914 nordwestlich Helgolands erhielt «Mainz» schwere Granat- und einen Torpedotreffer, worauf das Schiff aufgegeben werden mußte. Britische Schiffe retteten die Verwundeten und auch die im Wasser treibenden deutschen Seeleute. Der Kleine Kreuzer sank mit wehender Flagge über Backbord auf 53° 58′ n. Br. und 6° 42′ ö. L. 89 Tote waren zu beklagen. 348 Mann gerieten in britische Gefangenschaft, unter ihnen Wolfgang von Tirpitz, der Sohn des Großadmirals. Winston Churchill übermittelte wenige Tage später an den Großadmiral die ritterliche Botschaft, «that his son is both safe and unwounded».

Typschiff

Kleiner Kreuzer «Magdeburg» (I)

Schwesterschiffe: «Breslau», «Stralsund», «Straßburg»

Im Dezember 1909 erhielt die A.G. «Weser», Bremen, den Auftrag zum Bau des Kleinen Kreuzers Ersatz «Bussard», für den im April 1910 der Kiel gestreckt wurde. Beim Stapellauf am 13.5.1911 nahm der Oberbürgermeister von Magdeburg den Taufakt vor. Die Schiffe der «Magdeburg»-Klasse (Amtsentwurf 1908/09) waren gegenüber den bisherigen «Städtekreuzern» eine grundsätzliche Neukonstruktion. Neu eingeführt wurden das Längsspantensystem zur Gewichtseinsparung, verbesserte Turbinen und Minenabwurfvorrichtungen. Auch wurde erstmalig der gegenüber dem Rammbug verbesserte sog. «Kreuzerbug» eingeführt. «Magdeburg» hatte voll ausgerüstet eine Wasserverdrängung von 5587 t. Die Vierschornstein-Kreuzer der «Magdeburg»-Klasse ließen sich gut manövrieren und zeigten auch bei Seegang kleine und langsame Bewegungen. Bis zum Beginn des Ersten Weltkrieges war der Kleine Kreuzer als Torpedo-Versuchsschiff eingesetzt. Bei Ausbruch des Krieges wurde der Kreuzer dem Oberbefehlshaber der Ostsee unterstellt und der Küstenschutz-Division der Ostsee zugeteilt. Ende August 1914 unternahm der Kreuzer, inzwischen dem neu geschaffenen Verband des «Detachierten Admirals» zugeteilt, gemeinsam mit anderen Kriegsschiffen einen Vorstoß in den Finnischen Meerbusen. Beim Ansteuern auf die Insel Odensholm geriet der Kleine Kreuzer auf Grund und mußte angesichts russischer Kriegsschiffe am 26.8.1914 auf Befehl des Kommandanten gesprengt werden. 15 Mann der Besatzung waren gefallen. Russische Taucher fanden später das befehlsgemäß über Bord geworfene Signalbuch des deutschen Kreuzers, das dann in die Hände der Britischen Admiralität gelangte. Diese konnte dann bereits ab Dezember 1914 alle deutschen Funksprüche entschlüsseln.

«Magdeburg»-Klasse

Kleiner Kreuzer «Stralsund»

Schwesterschiffe: «Magdeburg», «Breslau», «Straßburg»

Die Kiellegung für den Kleinen Kreuzer «Stralsund» (Ersatz «Cormoran») fand im September 1910 auf der Weserwerft in Bremen statt. Der damalige Oberbürgermeister von Stralsund Ernst Gronow taufte den am 4. 11. 1911 vom Stapel laufenden Kreuzer, der am 10. 12. 1912 in Dienst gestellt wurde. Ein wesentliches Merkmal des Übergangs zum Leichten Kreuzer war der mit den beiden deutschen und britischen Kreuzern «Lübeck» und «Amethyst» von 1903 eingeleitete Übergang zum Turbinenantrieb. Durch den Einbau der neuen Bergmann-Turbinen (25 000 PS) erzielte die 5587 t verdrängende «Stralsund» bereits bei den Probefahrten eine Höchstgeschwindigkeit von über 28 kn. Die Schiffe der «Magdeburg»-Klasse waren neben den Schiffen der «Karlsruhe»-Klasse die einzigen deutschen Leichten Kreuzer mit 4 Schornsteinen. Bei der Artillerie blieb man zunächst bei 12 105-mm-Schnellfeuerkanonen, eine Veränderung trat erst während des Ersten Weltkrieges ein. 1916 wurden die 12 105-mm-Geschütze durch 7 150-mm-Schnellfeuerkanonen ersetzt, die Torpedorohre auf das Mitteldeck verlagert, die Back – um Platz für das Buggeschütz zu gewinnen –, um 10 m verlängert. Während des Ersten Weltkrieges war der Kreuzer hauptsächlich mit dem Auslegen von Minensperren in der Nord- und Ostsee beschäftigt. So warf «Stralsund» gemeinsam mit «Straßburg» am 14./15. 1. 1915 eine Minensperre vor der Humbermündung und am 11./12. 9. zwischen der Swarte-Bank und Terschelling. «Stralsund» war auch am Gefecht auf der Doggerbank am 24. 1. 1915 beteiligt. Im Sommer 1918 sollte der in der Nordsee stationierte Kreuzer gemeinsam mit einem Sonderverband der Kaiserlichen Marine an dem Unternehmen «Schlußstein» (Besetzung Petrograds und Kronstadts) teilnehmen. Das Unternehmen kam aber nicht mehr zur Ausführung. Ende Oktober 1918 ging «Stralsund» nach Kiel, wo sie am 18. 12. 1918 außer Dienst gestellt wurde. Am 5. 11. 1919 wurde der Kreuzer aus der Liste der Kriegsschiffe gestrichen. Am 3. 8. 1920 als Reparationsschiff «Z» an die Entente ausgeliefert, wurde das Schiff unter dem Namen «Mulhouse» in die französische Flotte übernommen. 1935 wrackte man den Kreuzer in Brest ab.

Typschiff

Kleiner Kreuzer «Karlsruhe»

Schwesterschiff: «Rostock»

Am 21.9.1911 begann die Germaniawerft in Kiel mit dem Bau des ersten Kleinen Kreuzers der zweiten Vierschornstein-Klasse (Ersatz «Seeadler»). Der Stapellauf erfolgte am 11.11.1912. Die Fertigstellung der «Karlsruhe» verzögerte sich, so daß das Schiff erst am 15. 1. 1914 in Dienst stellte. Die beiden Kleinen Kreuzer «Karlsruhe» und «Rostock» wurden erstmals auch mit 2 Öl-Marine-Doppelkesseln ausgerüstet. Zwei Satz Marineturbinen mit einer Leistung von 26000 PS verliehen dem Kleinen Kreuzer eine Geschwindigkeit von 27,0 kn. Bewaffnet war das 4900 t verdrängende Schiff mit 12 105-mm-Geschützen und 2 Torpedorohren (50 cm). Als erster Auslandskreuzer mit Turbinenantrieb war das Schiff für den Überseedienst auf der Ostamerikanischen Station vorgesehen. Mit Beginn des Ersten Weltkrieges befand sich der Kreuzer im Atlantik, um von hier aus Kreuzerkrieg zu führen.

«Karlsruhe» gelang es besonders auf der vielbefahrenen Strecke von den La-Plata-Häfen nach Europa 16 britische und einen niederländischen Dampfer aufzubringen. Am 4.11.1914 um 18.30 Uhr ereignete sich etwa 300 sm östlich der Insel Trinidad an Bord in Höhe der Kommandobrücke eine heftige Explosion, in deren Folge das Schiff innerhalb weniger Minuten unterging. Die Ursachen der Explosion konnten nie zuverlässig ermittelt werden. 263 Mann der Besatzung fanden den Tod. 146 Besatzungsmitglieder konnten von dem deutschen Begleitdampfer «Rio Negro» gerettet werden.

Typschiff: «Karlsruhe»

Kleiner Kreuzer «Rostock»

Schwesterschiff: «Karlsruhe»

Einen Tag nach dem Stapellauf des Schwesterschiffes «Karlsruhe» lief «Rostock», getauft von dem Rostocker Oberbürgermeister, am 12. 11. 1912 vom Stapel. Bauwerft waren die Howaldts-Werke in Kiel. Die Marineverwaltung nahm den Kreuzer am 17. 1. 1914 ab, doch konnte die Indienststellung erst am 5. 2. erfolgen. Bei den Probefahrten zeigte sich, daß die geforderte Höchstgeschwindigkeit von 27 kn mit 29,21 kn überboten werden konnte. 2 Satz Marine-Turbinen verliehen dem Schiff eine beachtliche Leistungskraft von 26 000 PS, wobei der Aktionsradius bei einer Durchschnittsgeschwindigkeit von 12,0 kn bei 5 000 sm lag (bei 25,0 kn = 900 sm). «Rostock» war mit 12 105-mm-Schnellfeuergeschützen bewaffnet, außerdem führte der Kreuzer 120 Minen mit. Bei Kriegsausbruch 1914 gehörte «Rostock» als Führerkreuzer zu den Torpedobooten und war 1914/15 an verschiedenen Vorstößen und Unternehmen der Flotte in der Nordsee und Ostsee beteiligt. Erwähnenswert ist der Vorstoß zur Doggerbank am 23./24. 1. 1915, wo die deutschen Seestreitkräfte den Großen Kreuzer «Blücher» verloren und der Schlachtkreuzer «Seydlitz» schwer beschädigt worden war. Am 31. 5./1. 6. 1916 nahm der Kleine Kreuzer an der Seeschlacht vor dem Skagerrak teil. Während «Rostock» die schweren Tagkämpfe ohne große Beschädigungen überstand, erhielt sie während der folgenden Nachtkämpfe 2 Artillerie- und einen Torpedotreffer. Der Kleine Kreuzer blieb schwimmfähig, wurde aber nach Eingang einer Meldung von L 9 über den Anmarsch von 12 britischen Großkampfschiffen mit Torpedos versenkt. 14 Besatzungsangehörige waren im Laufe der Schlacht gefallen.

«Rostock» hatte 500 10,5-cm-Granaten verschossen, die Höchstzahl aller deutschen Schiffe.

Kleiner Kreuzer «Königsberg»

Einzelschiff

Nach den ersten 7 Kleinen Kreuzern der «Städteklasse» («Bremen»-Klasse) wurde auf Grund des 2. Flottengesetzes von 1900 am 12. 1. 1905 auf der Kaiserlichen Werft Kiel der Neubau Ersatz «Meteor» auf Stapel gelegt. Von den davor gebauten wich er im wesentlichen durch größere Länge, höhere Maschinenleistung und erweiterten Aktionsradius ab. Beim Stapellauf am 12. 12. 1905 taufte der Oberbürgermeister von Königsberg den Kreuzer auf den Namen dieser Stadt. Bereits am 6. 4. 1907, noch vor Beendigung der Probefahrten, wurde der Kleine Kreuzer in die Flotte übernommen. «Königsberg» hatte voll ausgerüstet eine Wasserverdrängung von 3 814 t. Der Kreuzer war 115,3 m lang (Schiffe der «Bremen»-Klasse 111,10 m), 13,2 m breit und ging 5,29 m tief. Die Maschinenleistung von 12 000 PS verlieh dem Kleinen Kreuzer eine Geschwindigkeit von 23,0 kn. Der Aktionsradius des Schiffes erstreckte sich über 5 750 sm (Bremen-Klasse 4 270 sm) bei einer Durchschnittsgeschwindigkeit von 12,0 kn. Die Hauptbewaffnung der «Königsberg» bestand aus 10 105-mm-Geschützen (bis 1914 zusätzlich 10 52-mm-Geschütze zwischen den Deckaufbauten). Der Kreuzer hatte 2 Torpedoabgangsrohre vom Kaliber 45 cm. Im Frühjahr 1914 wurde «Königsberg» als Stationsschiff für die Gewässer der Ostküste Afrikas nach Daressalam entsandt und löste dort das für die Südsee bestimmte Kanonenboot «Geier» ab. Zu Beginn des Ersten Weltkrieges versuchte «Königsberg», Kreuzerkrieg im Indischen Ozean zu führen. Es gelang dem Kleinen Kreuzer bis in den Golf von Aden vorzustoßen, den dortigen Schiffsverkehr lahmzulegen und die Überführung britischer Kampftruppen zu verzögern. Am 19. 9. 1914 konnte «Königsberg» den britischen Geschützten Kreuzer des Kap-Geschwaders «Pegasus», der im Hafen Sansibar ankerte, versenken. Überlegene britische Flottenkräfte (zeitweise bis zu 9 Kreuzer), ständiger Kohlenmangel und Maschinenschäden zwangen den Kapitän, das Mündungsdelta des Rufiji aufzusuchen und sich dort dem Kampf zu stellen. Am 11. 7. 1915 wurde der Kleine Kreuzer im Rufiji-Delta von einem britischen Geschwader, u. a. auch durch den Einsatz von 2 flachgehenden Monitoren, gestellt und nach schweren Treffern von der eigenen Besatzung gesprengt (19 Tote, 21 Schwer- und 24 Leichtverwundete).

Anfang März 1919 kehrten die letzten überlebenden Besatzungsmitglieder der «Königsberg», insgesamt nur noch 32 Mann, gemeinsam mit ihrem Kapitän nach Deutschland zurück. 1962/63 wurde das Schiff abgewrackt.

«Camäleon»-Klasse

Kanonenboot «Meteor»

Schwesterschiffe: «Camäleon», «Comet», «Cyklop», «Delphin», «Blitz», «Basilisk», «Drache»

Die Lübke-Werft in Wolgast legte am 27. 6. 1861 eines der letzten der acht Dampfkanonenboote I. Klasse nach dem Amtsentwurf von 1859 auf Stapel. Erst am 17. 5. 1865 konnte das Schiff vom Stapel laufen. Mitte April 1869 wurde es zum Dänholm bei Stralsund überführt und am 6. 9. 1869 in Dienst gestellt. Die von der A. G. Vulcan Stettin gelieferte liegende einzylindrige Einfachexpansionsmaschine mit einer Leistung von 320 PS verlieh dem Schiff eine Geschwindigkeit von 9,3 kn. Das aus Eichenholz (Kraweelbau) mit Kupferbeschlag gebaute Kanonenboot hatte eine Wasserverdrängung von 422 t. An Bewaffnung waren ein gezogener 24 Pfünder (150 mm) und zwei gezogene 12 Pfünder (120 mm) vorhanden. Die Besatzungsstärke lag bei 71 Mann. «Meteor» ging unmittelbar nach Indienststellung mit der Glattdeckkorvette «Arcona» nach Westindien. Ende 1870, während des deutsch-französischen Krieges, kam es vor dem Hafen von Havanna zu einem Gefecht mit dem französischen Aviso «Bouvet» (3 Geschütze von etwa gleicher Größe, 85 Mann). Nachdem das von «Bouvet» eröffnete Feuer ohne Wirkung blieb, versuchte es mit einem Rammstoß das deutsche Kanonenboot zu vernichten. Zwar mißglückte dieses Manöver, doch erlitt «Meteor» schwere Beschädigungen bei den Aufbauten, so brach durch die Takelage des Gegners auf «Meteor» die Fockrah, knickte der Großmast und wurde der Besanmast über Bord gerissen. Nach einem Treffer in der Maschinenanlage brach «Bouvet» das Gefecht ab. «Meteor» hatte 2 Gefallene, das französische Kanonenboot 10 Verwundete zu beklagen.

1872/73 war «Meteor» an den großen Vermessungsarbeiten an der deutschen Küste beteiligt. Nach kurzem Auslandsaufenthalt in spanischen und türkischen Gewässern stellte «Meteor» am 16. 8. 1877 in Danzig außer Dienst. Am 27. 11. 1877 wurde «Meteor» aus der Liste der Kriegsschiffe gestrichen und nach Ausbau der Maschinenanlage, die z. T. für das Kanonenboot «Iltis» verwendet wurde, als Kohlenhulk aufgebraucht.

«Iltis»-Klasse

Kanonenboot «Iltis» (II)

Schwesterschiffe:
«Jaguar», «Tiger», «Luchs», «Panther», «Eber»

Den Auftrag zum Bau des Kanonenboots «Ersatz Iltis (I)» erhielt im März 1897 die Schichau-Werft in Danzig. Am 27. 11. 1897 streckte die Werft den Kiel; am 4.8.1898 fand der Stapellauf statt. Nach der Überführung mit Werftbesatzung nach Kiel und artilleristischer Ausrüstung durch die dortige Kaiserliche Werft stellte «Iltis» am 1.12.1898 in Dienst. Mit «Iltis» begann der Bau von Kanonenbooten, deren Einsatz hauptsächlich in Übersee vorgesehen war. Bei der Konstruktion war zu berücksichtigen, daß die Schiffe nicht nur hochseefähig, sondern auch in der Lage sein mußten, Flußgebiete in den Kolonien zu befahren. Gegenüber ihren Vorgängern hatte man die Leistungsfähigkeit der Maschinen nahezu verdoppelt. «Iltis» verdrängte gut 1000 t und ihre Maschinenleistung von 1300 PS ermöglichte eine Geschwindigkeit von 13,5 kn. Die Schiffe konnten zunächst noch zu Stützzwecken Schratsegel setzen, doch wurden diese später von Bord genommen. Der Entwurf für diese Kanonenboot-Klasse erwies sich als so zweckmäßig, daß für die im Anschluß von «Iltis» und «Jaguar» gebauten Boote nur noch unbedeutende konstruktive Veränderungen vorgenommen wurden. Die Boote der «Iltis»-Klasse waren außerordentlich gute Seeschiffe mit angenehmen Bewegungen. Sie ließen sich gut manövrieren und steuern. Während die ersten beiden Schiffe «Iltis» und «Jaguar» noch mit 4 88-mm-Geschützen ausgerüstet waren, wurde insbesondere nach den Erfahrungen der Niederschlagung des Boxer-Aufstandes ab «Tiger» das Kaliber auf 105 mm erhöht. «Iltis» befand sich von 1898 bis 1914 ununterbrochen im Auslandseinsatz in Ostasien. 1900 beteiligte sich das Schiff und ein Landungskorps an der Beschießung und Eroberung der chinesischen Taku-Fords (insgesamt 7 Tote und 12 Verwundete).

Bei Beginn des Ersten Weltkrieges im September 1914 wurde «Iltis» zusammen mit ihrem Schwesterschiff «Luchs» und dem Kanonenboot «Cormoran» in Kiautschou versenkt.

Aviso
(Fahrzeug I. Klasse)

Aviso «Pfeil»

Schwesterschiff: «Blitz»

Den Auftrag zum Bau des Aviso «D» (Ersatz «Grille») erhielt die Kaiserliche Werft Wilhelmshaven. Das Schiff lief am 16. 9. 1882 vom Stapel. Erst am 25. 11. 1884 wurde mit den Probefahrten begonnen und «Pfeil» wenig später in die Flotte übernommen. «Pfeil» und «Blitz» waren den Quellen zufolge nur leidliche Seeschiffe, die stark schlingerten. Die Antriebsanlage bestand aus 2 liegenden zweizylindrigen Zweifachexpansionsmaschinen mit einer Leistung von 2700 PS. Der Aviso war ein Rah-Schoner mit einer Segelfläche von 591 m². Ab 1894 fuhr er nur noch mit Stützsegel, ab 1900 ganz ohne Segel. Der mitgeführte Kohlenvorrat von rund 200 t reichte für eine Strecke von etwa 840 sm bei einer Durchschnittsgeschwindigkeit von 16 kn. Das voll ausgerüstete Schiff hatte eine Wasserverdrängung von 1486 t. Bewaffnet war der Aviso «Pfeil» mit einer 125-mm-Ringkanone, 4 87-mm-Ringkanonen und 4 Revolverkanonen vom Kaliber 37 mm (ab 1892/93 6–8 88-mm-Kanonen). 1889 war «Pfeil» gemeinsam mit anderen Schiffen an der Blockade der ostafrikanischen Küste bei Sansibar beteiligt, um u.a. den von den Arabern betriebenen Sklavenhandel zu unterbinden. In den neunziger Jahren diente «Pfeil» als Maschinenschulschiff und im Fischereischutz. Ab 1904 fuhr das Schiff in der Aktiven Schlachtflotte als Aviso bzw. Tender für das II. Geschwader, unterbrochen im Mai 1905 vom Einsatz als Zielschiff bei Kap Lizard für eine Ozeansegelregatta. Am 8. 12. 1910 wurde der Aviso in die Liste der Spezialschiffe überführt. Mit Kriegsausbruch 1914 trat «Pfeil» zur Hafenflottille der Elbe und wurde im Sicherungs- und Überwachungsdienst eingesetzt. Anschließend stand sie u. a. dem Flottenkommando und der U-Schule für Übungen zur Verfügung. «Pfeil» wurde am 16. 2. 1922 aus der Liste der Kriegsschiffe gestrichen und danach in Wilhelmshaven abgewrackt.

Schulschiff «Niobe»

Einzelschiff

Nach dem Totalverlust der Korvette «Amazone» mit einer Seekadetten-Crew an Bord (107 Seeleute) im November 1861 in der südlichen Nordsee war man bemüht, schnell ein neues Ausbildungsschiff für den Offiziersnachwuchs der Marine zu beschaffen. 1862 erwarb Preußen von der britischen Marine die 1853 auf der Royal Dockyard in Portsmouth vom Stapel gelaufene Fregatte «Niobe». Die «Niobe» zählte zu den leichten Segelfregatten, sie war ursprünglich für 28 Geschütze eingerichtet, führte aber in ihrer langen Dienstzeit als Kadettenschulschiff seit den siebziger Jahren nur noch 10 Geschütze, und zwar 6 150-mm- und 4 120-mm-Ringkanonen (ursprünglich 16 68-Pfünder, 4 30-Pfünder). «Niobe» war aus Holz gebaut, wie alle Segelschiffe ihrer Zeit, verdrängte 1590 t und war 43,29 m lang, 12,8 m breit und hatte einen Tiefgang von 5,39 m. Sie führte 220 bis 240 Mann Besatzung, darunter 30 bis 50 Kadetten. Mit einer zierlichen, leichten Fregattentakelung erreichte das Schiff bei günstigem Wind 10, zuweilen sogar 12 kn Geschwindigkeit. 1890 schied «Niobe» nach 28jähriger Dienstzeit in der Preußischen Marine, der Marine des Norddeutschen Bundes und der Kaiserlichen Marine aus dem aktiven Flottendienst aus. Generationen von deutschen Seeoffizieren hatten auf der «Niobe» als der «Mutter der Marine» ihre Ausbildung erhalten.

Schulschiff

Schulschiff «Nixe»

Einzelschiff

Die Kaiserliche Werft Danzig legte die Glattdeckskorvette Ersatz «Medusa» im August 1883 auf Stapel. Der Stapellauf erfolgte am 23. 7. 1885. Am 1. 4. 1886 stellte «Nixe» zu kurzen Probefahrten in Dienst, rüstete danach auf der Kaiserlichen Werft Kiel für die Aufgabe als Schiffsjungenschulschiff aus, so daß noch im Mai 1886 die Erste Ausbildungsreise mit einem Schiffsjungen-Jahrgang (125 Mann) vorgenommen werden konnte. Die Kreuzerkorvette entsprach in keiner Weise dem damaligen schiffsbautechnischen Entwicklungsstand. Angelegt als Eisen-, Holz-, Kupfer-Bau nach dem Flottenplan von 1873 (Amtsentwurf 1882) mit überholter Antriebsanlage und viel zu schwacher Artillerie war sie «als Kriegsschiff schon als Neubau ein hoffnungsloser Anachronismus» (Erich Gröner). Das Vollschiff hatte voll ausgerüstet eine Wasserverdrängung von 1 982 t, war 63,30 m lang, 13,2 m breit und hatte einen Tiefgang von 6,36 m. Mit einer Maschinenleistung von 700 PS erreichte «Nixe» nur eine Geschwindigkeit von 9 kn. Bewaffnet war das Schulschiff mit 8 (7, dann 6) 125-mm-Ringkanonen, 2 88-mm-Geschützen (ab 1894) und Revolverkanonen vom Kaliber 37 mm. «Nixe» unternahm bis zur Außerdienststellung im August 1900 bedeutende Ausbildungsreisen, u. a. in die Karibik und nach Südamerika. Erstmalig wurden 1892 Seekadetten der kaiserlichen Marine auf einem Schulschiff eingeschifft. Einige Zeit stand das Schulschiff noch als Büroschiff der Hochseeflotte dem Flottenstab zur Verfügung. Am 24. 6. 1911 erfolgte die Streichung dieses letzten Segelschiffes der Kaiserlichen Marine aus der Liste der Kriegsschiffe. Es wurde in Kiel zunächst als Wohnhulk verwendet und 1916 in Wewelsfleth abgewrackt.

Spezialschiff «Loreley»

Einzelschiff

Das Schiff wurde von der britischen Werft D.W.Henderson & Co. in Glasgow gebaut. Die Dampfjacht, die den Namen «Mohican» erhielt, wurde 1886 fertiggestellt und 1892 über die Firma J. W. Clark, Glasgow, an die Kaiserliche Marine verkauft. In Deutschland baute man sie für militärische Zwecke um und armierte das Schiff mit 2 5-cm-Schnellfeuerkanonen. Am 6. 8. 1886 stellte es als «Ersatz Loreley» und ab 7. 9. 1896 offiziell als «Loreley» in Dienst. «Loreley» war ein 920-t-Schiff mit einer Länge von 68,7 m, einer Breite von 8,40 m und einem Tiefgang von 4,58 m. Mit der installierten stehenden dreizylindrigen Dreifachexpansionsmaschine (700 PS, 2 Schaufelräder) erreichte «Loreley» eine Geschwindigkeit von 11,9 kn. «Loreley» war ein ausgesprochen gutes Seeschiff, das nur bei Gegensee stark einstampfend viel Wasser übernahm. Der Einsatz als Schoner mit einer Segelfläche von 435 m², später mit Spitzbesan 400 m², unterstützte wesentlich die Fahrtüchtigkeit des Schiffes. Die Besatzungsstärke betrug 61 Mann. «Loreley» stand ab 1896 bis zum Beginn des Ersten Weltkrieges im Auslandseinsatz. Dazu gehörte jährlich je eine Schwarzmeer- und Ägäis-Reise, ferner Repräsentationsaufgaben in Verbindung mit dem Auswärtigen Amt. Während des Ersten Weltkrieges wurde «Loreley» als Tender, zeitweilig zur Begleitung von Munitionstransporten im Marmarameer und für Frachttransporte verwendet. Am 2. 11. 1918 aus der Liste der Kriegsschiffe gestrichen, wurde «Loreley» der Türkei überlassen. Deren Regierung verkaufte das Schiff an einen türkischen Reeder, der es als Privatjacht «Hadji Pascha» verwendete. Am 1. 1. 1926 ist das Schiff auf einer Fahrt im Schwarzen Meer verschollen.

Kaiserjacht «Hohenzollern»

Das Schiff lief am 27.6.1892 in Stettin vom Stapel und löste damit die alte, noch als Raddampfer konstruierte «Hohenzollern» (ab 1892 «Kaiseradler») als Kaiserjacht ab. Die neue «Hohenzollern» hatte eine Wasserverdrängung von etwa 4187 t, war 116 m lang, 14 m breit und besaß einen Tiefgang von 5,9 m. Die Maschinenleistung lag bei 9460 PS, was der «Hohenzollern» eine Geschwindigkeit von 22 kn ermöglichte. Auf der Abbildung erkennbar die leichte Takelung von 3 Pfahlmasten, deren vorderster eine Signalrahe führt. Die Flaggenknöpfe der Stängen haben die Form der Kaiserkrone. Die Bewaffnung bestand aus 3 105-mm-Kanonen, 12 50-mm-Kanonen und 6 Maschinengewehren, wobei alle Geschütze Panzerschilde trugen. In Friedenszeiten waren aber nur 8 der 50-mm-Kanonen an Bord. Von der Konstruktion her war die Jacht bereits in viele wasserdichte Schotten unterteilt. Die innere Ausstattung des Schiffes war nach Georg Wislicenus «zweckmäßig, bequem und geschmackvoll». Für die kaiserliche Familie, die mit dem Schiff nicht nur an Flottenmanövern und -paraden teilnahm, sondern auch ausgedehnte Reisen (z. B. Nordlandreisen) unternahm, waren «eine Reihe von Gemächern bestimmt, die meist in den breitesten Raum, den blauen Saal einmündeten.» Im Aufbau auf dem Oberdeck lag der große Speisesaal, darüber das oberste Deck, das sogen. Promenadendeck, dessen hinteres Deckshaus als Rauchkajüte diente. Die Besatzung zählte etwa 310 Mann.

U-Boote

In den Seestreitkräften aller Großmächte galt noch Ende des 19. Jahrhunderts die Anzahl großer, gepanzerter und mit Artillerie schweren Kalibers bewaffneter Schiffe als Maßstab für die Stärke einer Flotte. Die Seekriegsvorstellungen und die technische Entwicklung bis 1914 förderten die einseitige Konzentration auf den Schlachtschiffbau. Erst gegen Ende des ersten Jahrzehnts des 20. Jahrhunderts hatten fast alle großen und nicht wenige der kleinen Seemächte U-Boote im Bestand ihrer Flotten. 1901 erprobte Frankreich in einem Manöver das neue Seekriegsmittel «U-Boot» und im Sommer 1905 während des russisch-japanischen Krieges lagen 13 russische U-Boote in Wladiwostok bereit. Das erste deutsche U-Boot lief nach Entwürfen der Werft am 4. August 1906 bei der Kieler Germaniawerft vom Stapel und wurde am 14. Dezember 1906 als U 1 in Dienst gestellt. Es verdrängte 238 t, bei Unterwasserfahrt 283 t, war 42 m lang, fuhr über Wasser mit Petroleummotoren 11 kn und unter Wasser mit Elektromotoren 8,7 kn. Es folgten U 3 und U 4, die 1909 auf der Kaiserlichen Werft in Danzig gebaut wurden. 1910 gelang der Kaiserlichen Marine der Durchbruch mit der Konstruktion eines 850 PS starken U-Boot-Dieselmotors. Ende des Jahres wurde das erste dieselgetriebene Boot in Auftrag gegeben. Ab U 19 waren alle U-Boote mit Dieselmotoren ausgerüstet und verdrängten über Wasser durchschnittlich 650 bis 680 t. Die Bewaffnung bestand aus 2 Bug- und 2 Hecktorpedorohren; jedes Boot führte 6 Torpedos an Bord. Bei einer Besatzung von 24 Mann reichte die Atemluft über 70 Stunden. Ab U 5 befanden sich Funkanlagen an Bord der Boote.

99

Die ersten 4 fertiggestellten Boote wurden 1910 zur 1. U-Boot-Flottille zusammengefaßt, gleichzeitig entstand in Kiel eine U-Boots-Kompanie und eine U-Boots-Schule an Bord des Hebeschiffes «Vulcan». Erstmalig nahmen U-Boote im Jahre 1909 an Manövern der Hochseeflotte teil. Zunächst der Inspektion für das Torpedowesen unterstellt, wurde am 15. März 1914 eine eigene Inspektion für das U-Boot-Wesen eingerichtet. Ihr unterstand die Ausbildung, Entwicklung und Leitung des Dienstbetriebes der U-Boote. Ab Januar 1913 gliederte man die U-Boot-Flottille in 2 Halbflottillen um. 1913 wurden im Vergleich zu 1905 (1,5 Mill. Mark) bereits rund 20 Mill. Mark für den U-Boot-Bau veranschlagt.

Erst im Laufe des Krieges wurde die U-Boots-Waffe dann zur Hauptangriffswaffe der Marine ausgebaut (U-Boot-Handelskrieg). Vor Kriegsausbruch hatten nur die Boote U 21 und U 25 Geschütze an Bord. Alle übrigen wurden im Laufe des Jahres 1915 mit 88-mm-Kanonen ausgerüstet.

Ferner gab es die im Krieg neu entwickelten kleinen UB-Typen der Küsten-U-Boote sowie U-Boot-Minenleger (Typ UC II) und einige größere U-Kreuzer (Typ 44).

Insgesamt wurden während des Ersten Weltkrieges 346 U-Boote in Dienst gestellt. 178 U-Boote der Kaiserlichen Marine gingen bei Einsätzen verloren. 5132 Mann der U-Boot-Flotte fanden den Tod.

176 deutsche U-Boote wurden an die Entente ausgeliefert.

SEEMANNSLEBEN, HÄFEN UND WERFTEN ZUR KAISERSZEIT

… bevor man auf's Schiff kommt: Musterung

... dann ist man dabei: Grüße nach daheim

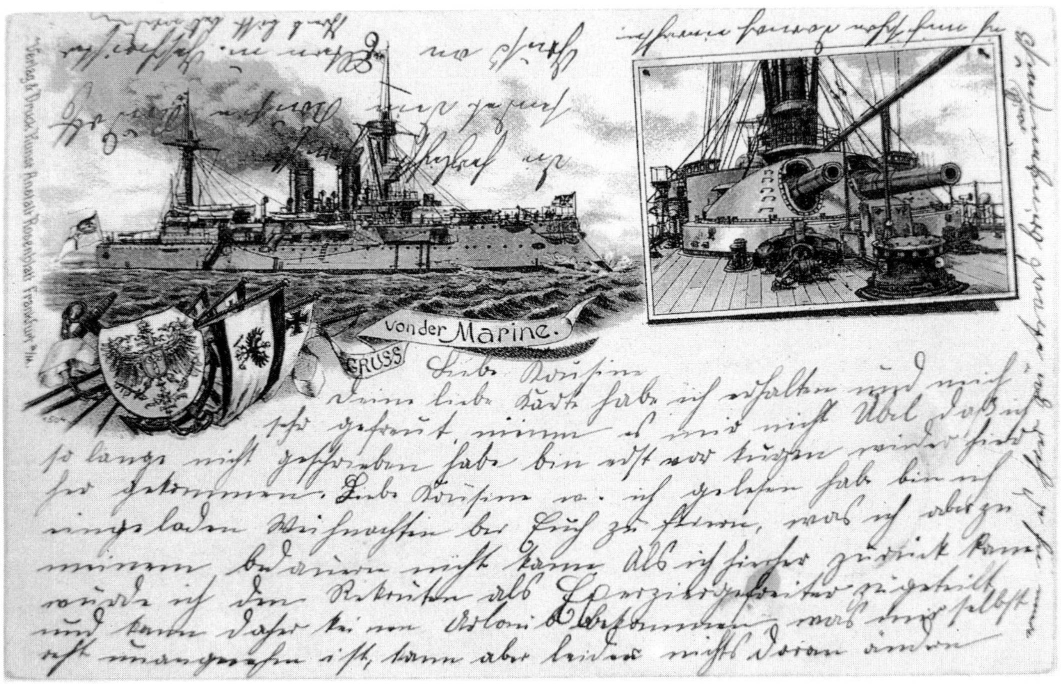

… und immer wieder exerzieren

I. Halbflottille beim Rollen-Exerzieren

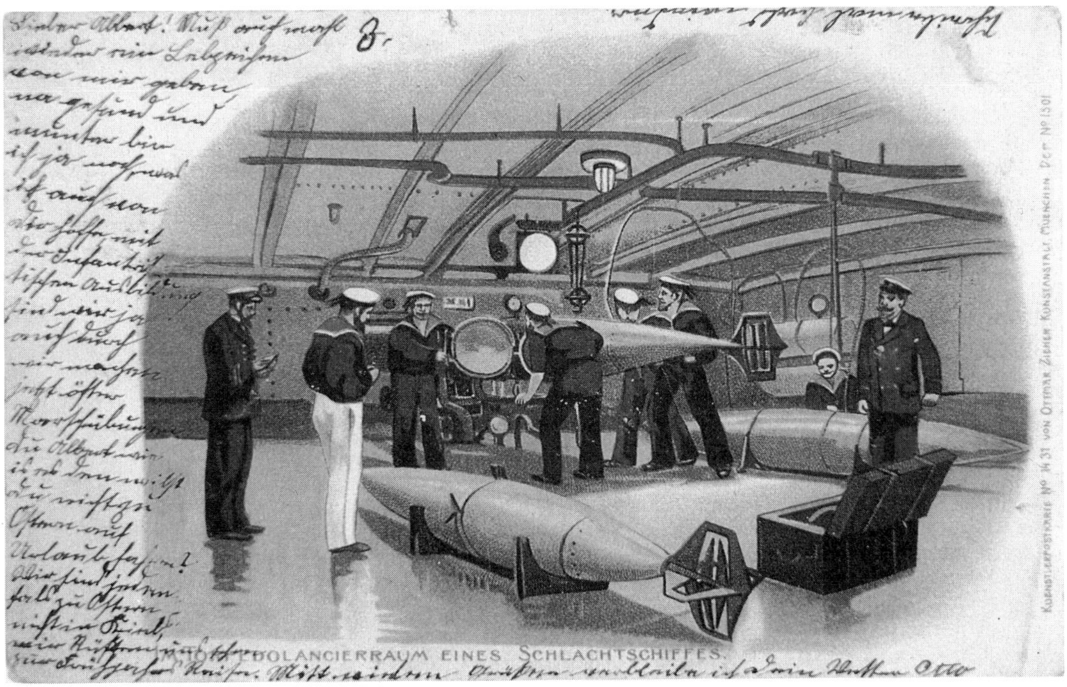
...EDOLANCIERRAUM EINES SCHLACHTSCHIFFES.
KUENSTLERPOSTKARTE No 14 31 VON OTTMAR ZIEHER KUNSTANSTALT, MUENCHEN DCT No 1301

… endlich auf See

… damit niemand unsere Ruhmestaten vergißt

... im sicheren Hafen und auf der Werft

Kiel. Haupteinfahrt der Kaiserl. Werft.

Kiel. Das neue Schwimmdock für Großkampfschiffe. Hebekraft 40000 Tons.

Conversationshaus
Postgebäude
Helgoland
Gruss aus Helgoland.
Gesetzl. geschützt.

Emden-Innenhafen. Liegeplatz S. M. S. „Arcona".
Nordseewerke Längs-Hellinge.
Dortmund-Ems-Kanal.
Hohenzollernhütte.

… Reserve hat Ruh'

Signal.
„Ein glückliches Neujahr!"
wünscht in jeder Beziehung, – „zu Wasser
u. zu Lande", – dein getreuer Kollege
O.
Marinepostkarten, Serie 1000. Gesetzl. geschützt.

Historische Schiffslisten
Die preußisch-deutsche Marine 1848 bis 1880

Das auf den folgenden Seiten wiedergegebene Schiffsverzeichnis der preußisch-deutschen Flotte 1848 bis 1880 ist entnommen aus:
Kronenfels, J. F. v.:
Das schwimmende Flottenmaterial der Seemächte: Eine kurzgefaßte Beschreibung der wichtigsten europäischen, amerikanischen und asiatischen Kriegsschiffe der neueren und neuesten Zeit.
Wien–Pest–Leipzig: A. Hartlebens Verlag, 1881, S. 63–75.

DAS SCHWIMMENDE

FLOTTENMATERIAL

DER

SEEMÄCHTE.

EINE KURZGEFASSTE BESCHREIBUNG

der wichtigsten europäischen, amerikanischen und asiatischen Kriegsschiffe der neueren und neuesten Zeit.

Für Freunde des Seewesens, sowie als Leitfaden beim Studium der Schiffstypenkunde

zusammengestellt von

J. F. VON KRONENFELS

k. k. Hauptmann d. R.

Verfasser der Werke: „Die Marine, eine gemeinfaßliche Darstellung des gesammten Seewesens" und „Alphabetisches Verzeichniß der am häufigsten vorkommenden See-Ausdrücke".

Mit 265 in den Text gedruckten Holzschnitten.

WIEN. PEST. LEIPZIG.

A. HARTLEBEN'S VERLAG.

1881.

DEUTSCHLAND.

Im Jahre 1848 besaß die sich kaum im ersten Keime befindende preußische Kriegs-Marine nur

1 Segel-Korvette (AMAZONE) und
2 Kanonen-Jollen.

Im Herbste 1849 hatte man bereits

1 Segel-Korvette (AMAZONE),
2 Dampfer (ADLER und KÖNIGIN ELISABETH),
36 Kanonen-Schaluppen und
6 Kanonen-Jollen,

zusammen 45 Kriegsfahrzeuge mit 97 Kanonen und dazu eine Bemannung von 48 Offizieren und 1753 Mann.

Am Schlusse des Jahres 1853 besaß die preußische Kriegs-Marine:

1	Segel-Fregatte (GEFION)	mit	48	Kanonen,
1	Segel-Korvette (AMAZONE)	„	12	„
2	Dampf-Korvetten (DANZIG u. BARBAROSSA)	„	22	„
1	Segel-Transportschiff (MERKUR) . . .	„	4	„
2	Dampf-Avisos (NIX und SALAMANDER) .	„	16	„
2	Segel-Schuner (HELA und einer im Bau)	„	6	„
36	Kanonen-Schaluppen	„	72	„
6	Kanonen-Jollen	„	6	„
zusammen 51	Kriegsfahrzeuge mit		186	Kanonen.

Am Schlusse des Jahres 1856 war der Stand der preußischen Kriegs-Marine folgender:

2	Segel-Fregatten (GEFION, 48, THETIS, 38)	mit	86	Kanonen,
1	Dampf-Korvette (Raddampfer DANZIG) .	„	12	„
1	Segel-Korvette (AMAZONE)	„	12	„
1	Wachtschiff (BARBAROSSA)	„	9	„
1	Segel-Transportschiff (MERKUR) . . .	„	6	„
3	Segel-Schuner (HELA, 3, FRAUENLOB, 3, ILTIS)	„	6	„
1	Bugsir-Dampfboot (ROYAL VICTORIA) .	„	—	„
36	Kanonen-Schaluppen à 2 Kanonen, zusammen	„	72	„
6	Kanonen-Jollen à 1 Geschütz, zusammen .	„	6	„
zusammen 52	Kriegsfahrzeuge mit		209	Kanonen.

113

Mit. Ausgange des Jahres 1863 besaß die preußische Kriegs-Marine:

I. An Dampfern:

3	gedeckte Korvetten (ARKONA, 28, GAZELLE, 28, VINETA, 28).	mit 84 Kanonen,
1	Glattdeck-Korvette (NYMPHE)	„ 17 „
1	Wachtschiff (BARBAROSSA)	„ 9 „
2	Avisos (PREUSS. ADLER, 4, LORELEY, 2)	„ 6 „
1	Jacht (GRILLE)	„ 2 „
4	Kanonenboote 1. Klasse mit je 3 Geschützen	„ 12 „
15	„ 2. „ „ „ 2 „	„ 30 „
2	Bugsir-Dampfer	„ — „
zusammen 29	Dampfer mit	160 Kanonen.

II. An Segelschiffen:

3	Fregatten (GEFION, 48, THETIS, 38, NIOBE, 26)	mit 112 Kanonen,
3	Briggs (MUSQUITO, 12, ROVER, 10, HELA, 6)	„ 28 „
2	Schuner mit je 2 Kanonen	„ 4 „
zusammen 8	Fahrzeuge mit	144 Kanonen.

III. An Ruder-Fahrzeugen:

36	Kanonen-Schaluppen, je mit 2, zusammen	mit 72 Kanonen,
4	Kanonen-Jollen, je mit 1 . „	„ 4 „
zusammen 40	Fahrzeuge mit	76 Kanonen.

Man hatte also im Ganzen 77 Kriegsfahrzeuge mit 380 Geschützen.

Unmittelbar vor dem Kriege im Jahre 1866 besaß die preußische Kriegs-Marine:

I. An Dampfern:

2	Panzer-Fahrzeuge (ARMINIUS, 4, PRINZ ADALBERT, 3)	mit 7 Kanonen,
5	gedeckte Korvetten (ARKONA, 28, GAZELLE, 28, VINETA, 28, HERTHA, 28, ELISABETH, 26)	„ 138 „
4	Glattdeck-Korvetten (NYMPHE, 17, MEDUSA, 17, AUGUSTA, 14, VICTORIA, 14)	„ 62 „
1	Jacht (GRILLE)	„ 2 „
8	Kanonenboote 1. Klasse, je mit 3, zusammen mit	24 „
15	Kanonenboote 2. Klasse, je mit 2, zusammen mit	30 „
1	Wachtschiff (BARBAROSSA)	„ 9 „
2	Avisos (LORELEY, 2, PREUSS. ADLER, 4)	„ 6 „
2	Bugsir-Dampfer	„ — „
zusammen 40	Dampfer mit	278 Kanonen.

II. An Segelschiffen:

3	Fregatten (GEFION, 48, THETIS, 38, NIOBE, 26)	mit 112 Kanonen,
3	Briggs (MUSQUITO, 12, ROVER, 10, HELA, 6)	„ 28 „
2	Schuner, je mit 2, zusammen . . .	„ 4 „
zusammen 8	Fahrzeuge mit	144 Kanonen.

III. An Ruder-Fahrzeugen:

32	Kanonen-Schaluppen, je zu 2, zusammen	mit 64 Kanonen,
4	Kanonen-Jollen, je mit 1 . . „	„ 4 „
zusammen 36	Fahrzeuge mit	68 Kanonen.

Man hatte also jetzt im Ganzen 84 Kriegsfahrzeuge mit 490 Geschützen.

Gegen Ausgang des Jahres 1869 war der Stand der jetzt dem Norddeutschen Bunde gewidmeten Flotte folgender:

I. An Panzerschiffen:

3	Panzer-Fregatten (KÖNIG WILHELM, 23, FRIEDRICH KARL, 16, KRONPRINZ, 16)	mit 55 Kanonen,
2	Panzer-Fahrzeuge (ARMINIUS, 4, PRINZ ADALBERT, 3)	„ 7 „

II. An ungepanzerten Schraubendampfern:

5	gedeckte Korvetten (ARKONA, 28, GAZELLE, 28, VINETA, 26, HERTHA, 27, ELISABETH, 22)	mit 131 Kanonen,
4	Glattdeck-Korvetten (NYMPHE, 17, MEDUSA, 17, AUGUSTA, 14, VICTORIA, 14)	„ 62 „
1	Jacht (GRILLE)	„ — „
8	Kanonenboote 1. Klasse à 3 Kanonen	„ 24 „
14	„ 2. „ à 2 „	„ 28 „
1	Transportdampfer (RHEIN)	„ — „

III. An Raddampfern:

1	Wachtschiff (BARBAROSSA)	mit 9 Kanonen,
2	Avisos (LORELEY, 2, PREUSS. ADLER, 4)	„ 6 „
2	Schleppdampfer (GREIF, JADE) . . .	„ — „
zusammen 43	Dampfer mit	322 Kanonen.

IV. An Segelschiffen:

3	Fregatten (GEFION, 48, THETIS, 38, NIOBE, 26)	mit 112 Kanonen,
4	Briggs (MUSQUITO, 16, ROVER, 16, HELA, 6, UNDINE, 8)	„ 46 „
zusammen 7	Schiffe mit	158 Kanonen.

Man hatte also im Ganzen 50 Kriegsfahrzeuge mit 480 Geschützen.

Die früher mitgerechneten Ruder-Fahrzeuge wurden zwar erst im Jahre 1870 officiell ausrangirt, doch waren sie der Kriegs-Marine schon jetzt zu nichts mehr und können deshalb schon hier weggelassen werden.

Ende 1872 besaß die jetzt unter das deutsche Reichspanier getretene Flotte:

I. An Panzerschiffen:

3	Panzer-Fregatten (König Wilhelm, 23, Friedrich Karl, 16, Kronprinz, 16)	mit	55	Kanonen,
1	Panzer-Korvette (Hansa)	„	8	„
2	Panzer-Fahrzeuge (Arminius, 4, Prinz Adalbert, 3)	„	7	„

II. An ungepanzerten größeren Dampfern:

1	Linienschiff (Renown)	mit	—	Kanonen,
5	gedeckte Korvetten (Arkona, 20, Gazelle, 20, Vineta, 20, Hertha, 27, Elisabeth, 18)	„	105	„
6	Glattdeck-Korvetten (Nymphe, 14, Medusa, 14, Augusta, 10, Victoria, 10, Ariadne, 5, Luise, 5)	„	58	„

III. An ungepanzerten kleineren Dampfern:

4	Avisos (Preuss. Adler, 2, Loreley, Falke, 2, Pommerania)	mit	4	Kanonen,
2	Kanonenboote der Albatross-Klasse à 4 Kanonen	„	8	„
7	Kanonenboote 1. Klasse zu je 3 Kanonen	„	21	„
10	„ 2. „ „ „ 2 „	„	20	„
2	Transport-Dampfer	„	—	„
zusammen 43	Dampfer mit		286	Kanonen.

IV. An Segelschiffen:

2	Fregatten (Gefion, 48, Niobe, 22)	mit	70	Kanonen,
3	Briggs (Musquito, 8, Rover, 8, Undine. 8)	„	24	„
zusammen 5	Schiffe mit		94	Kanonen.

Im Ganzen sonach: 48 Schiffe und Fahrzeuge mit 380 Kanonen.

Außer diesen Schiffen und Fahrzeugen hatte man noch eine Anzahl Dampf- und Segel-Fahrzeuge für den Hafendienst.

Verzeichniß

sämmtlicher Schiffe und Fahrzeuge der deutschen Marine seit dem Jahre 1848 bis zum Jahre 1880 in chronologischer Reihenfolge.

Schiffszuwachs.

(Jahreszahlen des Zuwachses und Schiffsnamen.)

1848—1849. Amazone, 36 Kanonen-Schaluppen, 6 Kanonen-Jollen.
1850. Merkur, Nix, Salamander I.
1851. Danzig.
1852. Gefion, Barbarossa.
1853. Hela.

1854. Kein Zuwachs.
1855. Thetis, Frauenlob, Iltis I, Royal Victoria.
1856. Kein Zuwachs.
1857. Grille.
1858. Arkona.
1859. Gazelle, Loreley I, Elbe I.
1860. Chamäleon I, Kyklop I, Delfin, Komet, 15 Kanonenboote II. Klasse, Greif.
1861. Kein Zuwachs.
1862. Blitz, Basilisk I, Niobe, Musquito, Rover.
1863. Preussischer Adler, Vineta, Nymphe.
1864. Hertha, Medusa, Augusta, Victoria, Arminius.
1865. Prinz Adalbert I, Drache, Meteor.
1866. Wangeroge.
1867. Friedrich Karl, Kronprinz, Rhein.
1868. König Wilhelm, Elisabeth.
1869. Undine.
1870. Renown, Falke, Pommerania, Swine.
1871. Ariadne, Albatross, Nautilus, Loreley II, Boreas, Eider, Weser.
1872. Hansa, Luise, Elbe II.
1873. Preussen, Notus, Zephyr.
1874. Kaiser, Deutschland, Friedrich der Grosse, Freya, Kyklop II, Rival.
1875. Grosser Kurfürst, Leipzig, Aeolus, Wilhelmshaven.
1876. Prinz Adalbert II, Hohenzollern, Wespe II, Viper, Biene, Zieten, Ulan.
1877. Sachsen, Bismarck, Blücher, Moltke, Stosch, Mücke, Skorpion II, Otter.
1878. Bayern, Württemberg, Basilisk II, Chamäleon II, Wolf II, Hyäne II, Iltis II, Heppens.
1879. Gneisenau, Stein, Habicht II, Möwe, Krokodil II, Mars, Schillig.
1880. Salamander III, Baden.

Schiffsabgang.

(Jahreszahl des Abganges und Schiffsnamen.)

Die eingeklammerte Zahl nach dem Namen bezeichnet die abgekürzte Jahreszahl des Zuwachses.

1848—1854. Kein Abgang.
1855. Nix (50), Salamander I (50).
1856—1858. Kein Abgang.
1859. Merkur (50).
1860. Frauenlob (55).
1861. Amazone (48).
1862. Danzig (51), Elbe I (59).
1863—1866. Kein Abgang.
1867. Krokodil I (60).
1868—1869. Kein Abgang.
1870. Kanonen-Schaluppen und Jollen (48—49).
1871. Thetis (55), Hela (53).
1872. Chamäleon I (60), Jäger (60), Pfeil (60), Schwalbe (60), Wespe I (60).
1873. Hyäne I (60).
1874. Kein Abgang.
1875. Wolf I (60).
1876. Blitz (62), Basilisk I (62).
1877. Skorpion I (60), Meteor (65), Tiger (60), Habicht I (60), Preuss. Adler (63).
1878. Prinz Adalbert I (65), Sperber (60), Salamander II (60). Grosser Kurfürst (75).
1879. Kein Abgang.

Alphabetisches Verzeichniß

der deutschen Kriegsschiffe und Kriegsfahrzeuge seit dem Jahre 1848 bis zum Jahre 1880.

AEOLUS, Bugsirdampfer, 1875 abgelaufen.

ALBATROSS, Kanonenboot, 9. November 1869 der Bau befohlen, December 1869 der Bau begonnen, 11. März 1871 von der kaiserlichen Werft in Danzig abgelaufen.

AMAZONE, Segel-Korvette, 1845 abgelaufen, 1. März 1849 als erstes preußisches Kriegsschiff vom Finanz-Ministerium dem Kriegs-Ministerium überwiesen, fand im November 1861 unweit der holländischen Küste in einem Orkane ihren Untergang.

ARIADNE, Glattdeck-Korvette, September 1868 der Bau begonnen, 21. Juli 1871 von der kaiserlichen Werft in Danzig abgelaufen.

ARKONA, gedeckte Korvette, 2. November 1855 der Bau nach Gjerling's Plänen befohlen, 8. November 1855 der Bau begonnen, 19. Mai 1858 als erstes auf einer königlichen Werft erbautes Kriegsschiff von der königlichen Werft in Danzig abgelaufen.

ARMINIUS, Panzer-Fahrzeug, 20. August 1864 zu Blackwall (England) abgelaufen.

AUGUSTA, Glattdeck-Korvette, 26. September 1864 vom Schiffbaumeister Armand in Bordeaux angekauft.

BADEN, Panzer-Korvette, August 1876 der Bau begonnen, 1880 von der kaiserlichen Werft in Ellerbeck abgelaufen.

BARBAROSSA, Kasernschiff, 6. März 1852 aus der Nordsee-Flotte des Deutschen Bundes um 451.000 fl. übernommen.

BASILISK I, Kanonenboot, 23. Mai 1861 der Bau befohlen, 26. Juli 1861 der Bau begonnen, 20. August 1862 von der königlichen Werft in Danzig abgelaufen, 28. December 1876 aus der Liste gestrichen und in einen Minenprahm umgewandelt.

BASILISK II, Panzer-Kanonenboot, September 1877 der Bau begonnen, 14. September 1878 von der Werft der Aktiengesellschaft „Weser" in Bremen abgelaufen.

BAYERN, Panzer-Korvette, 23. Juni 1874 der Bau befohlen, Juli 1874 der Bau begonnen, 13. Mai 1878 von der kaiserlichen Werft in Ellerbeck abgelaufen.

BIENE, Panzer-Kanonenboot, Mai 1875 der Bau begonnen, 2. December 1876 von der Werft der Aktiengesellschaft „Weser" in Bremen abgelaufen.

BISMARCK, gedeckte Korvette, November 1875 der Bau begonnen, 25. Juli 1877 von der Werft der „Norddeutschen Schiffbau-Aktiengesellschaft" in Gaarden abgelaufen.

BLITZ, Kanonenboot, 23. Mai 1861 der Bau befohlen, 26. Juli 1861 der Bau begonnen, 27. August 1862 von der königlichen Werft in Danzig abgelaufen, 28. December 1876 aus der Liste gestrichen.

BLÜCHER, gedeckte Korvette, November 1875 der Bau begonnen, 20. September 1877 von der Werft der „Norddeutschen Schiffbau-Aktiengesellschaft" in Gaarden abgelaufen.

BOREAS, Schleppdampfer, 14. März 1871 von der Werft der „Norddeutschen Schiffbau-Aktiengesellschaft" in Gaarden abgelaufen.

CHAMÄLEON I, Kanonenboot, 1. September 1859 der Bau begonnen, 1. August 1860 von der königlichen Werft in Danzig abgelaufen, 19. März 1872 aus der Liste gestrichen.

CHAMÄLEON II, Panzer-Kanonenboot, September 1877 der Bau begonnen, 12. December 1878 von der Werft der Aktiengesellschaft „Weser" in Bremen abgelaufen.

CYKLOP, siehe KYKLOP.

DANZIG, Rad-Korvette, 13. November 1851 von der Klawitter'schen Werft in Danzig abgelaufen, 1. September 1862 wegen Krankheit des Rumpfes verkauft.

DELFIN, Kanonenboot, 8. September 1859 der Bau begonnen, 15. September 1860 von der königlichen Werft in Danzig abgelaufen.

DEUTSCHLAND, Panzer-Fregatte, December 1871 der Bau begonnen, 12. September 1874 bei Samuda (London) abgelaufen.

DRACHE, Kanonenboot, 23. Mai 1861 der Bau befohlen, 27. September 1861 der Bau begonnen, 3. August 1865 von der königlichen Werft in Danzig abgelaufen.

EIDER (ex ADELE), Transportdampfer, 16. September 1871 angekauft.

ELBE I (ex Klipper COLUMBA), Transportschiff, 6. December 1859 für die ostasiatische Expedition angekauft, 24. Juli 1862 verkauft.

ELBE II (ex ALBERTINA), Kasernschiff, 1872 angekauft.

ELISABETH, gedeckte Korvette, 1. Mai 1866 der Bau begonnen, 18. Oktober 1868 von der königlichen Werft in Danzig abgelaufen.

FALKE, Rad-Aviso, 1870 angekauft.

FRAUENLOB, Schuner, 25. August 1855 in Wolgast von einer Privat-Werft abgelaufen, 2. September 1860 in einem Taifun in der chinesischen See mit Mann und Maus untergegangen.

FREYA, Glattdeck-Korvette, Januar 1872 der Bau begonnen, 29. December 1874 von der kaiserlichen Werft in Danzig abgelaufen.

FRIEDRICH DER GROSSE, Panzer-Fregatte, 9. December 1869 der Bau befohlen, 15. April 1871 der Bau begonnen, 20. September 1874 als erstes auf einer Marine-Werft gebautes eisernes Panzerschiff von der kaiserlichen Werft in Ellerbeck abgelaufen.

FRIEDRICH KARL, Panzer-Fregatte, 16. Januar 1867 in La Seyne bei Toulon abgelaufen.

FUCHS, Kanonenboot, 1860 von einer Privat-Werft in Danzig abgelaufen.

GAZELLE, gedeckte Korvette, 2. November 1855 der Bau nach Gjerling's Plänen befohlen, 3. December 1855 der Bau begonnen, 10. December 1859 von der königlichen Werft in Danzig abgelaufen.

GEFION, Segel-Fregatte, 1842 in Kopenhagen abgelaufen, 6. März 1852 aus der Nordsee-Flotte des Deutschen Bundes von Preußen um 262.500 fl. übernommen.

GNEISENAU, gedeckte Korvette, Juni 1877 der Bau begonnen, 4. September 1879 von der kaiserlichen Werft in Danzig abgelaufen.

GREIF, Hafendampfer, 1860 abgelaufen.

GRILLE, Schrauben-Jacht, 1857 von der Werft des Schiffbaumeisters Normand in Havre abgelaufen.

GROSSER KURFÜRST, Panzer-Fregatte, December 1869 der Bau begonnen, 17. September 1875 von der kaiserlichen Werft in Wilhelmshaven abgelaufen, 31. Mai 1878 im englischen Kanal gesunken.

HABICHT I, Kanonenboot, 1860 von einer Privat-Werft in Danzig abgelaufen, 27. November 1877 aus der Liste gestrichen.

HABICHT II, Schrauben-Aviso, 13. Mai 1879 von der Schichau'schen Werft in Elbing abgelaufen.

HAI, Kanonenboot, 1860 von einer Privat-Werft in Danzig abgelaufen.

HANSA, Panzer-Korvette, 16. November 1868 der Bau begonnen, 18. Oktober 1872 als erstes auf einer Marine-Werft gebautes Panzerschiff von der kaiserlichen Werft in Danzig abgelaufen.

HELA, Schuner, 18. Oktober 1853 von der königlichen Werft in Danzig abgelaufen, seit 1860 als Brigg getakelt, 28. November 1871 aus der Liste gestrichen.

HEPPENS, Tonnenleger, 16. März 1878 von der kaiserlichen Werft in Danzig abgelaufen.

HERTHA, gedeckte Korvette, 1. September 1860 der Bau begonnen, 1. Oktober 1864 von der königlichen Werft in Danzig abgelaufen.

HOHENZOLLERN, Räder-Aviso (kaiserliche Jacht), April 1875 der Bau begonnen, 6. Juli 1876 von der Werft der „Norddeutschen Schiffbau-Aktiengesellschaft" in Gaarden abgelaufen.

HYÄNE I, Kanonenboot, 1860 von einer Privat-Werft in Danzig abgelaufen, 17. Juli 1873 aus der Liste gestrichen.

HYÄNE II, Kanonenboot, September 1876 der Bau begonnen, 27. Juni 1878 von der kaiserlichen Werft in Wilhelmshaven abgelaufen.

ILTIS I, Schuner zum Tonnenlegen an der Jade, 29. Oktober 1855 von der königlichen Werft in Danzig abgelaufen, Jahr der Kondemnirung nicht bekannt.

ILTIS II, Kanonenboot, Juni 1877 der Bau begonnen, 18. September 1878 von der kaiserlichen Werft in Danzig abgelaufen.

JADE, Schleppdampfer, Jahr der Erbauung nicht bekannt.

JÄGER, Kanonenboot, 1860 von einer Privat-Werft in Elbing abgelaufen, 19. März 1872 aus der Liste gestrichen.

KAISER, Panzer-Fregatte, December 1871 der Bau begonnen, 19. März 1874 bei Samuda (London) abgelaufen.

Kanonen-Schaluppen, 23. Mai 1848 der Bau von 18 derselben befohlen, die anderen 18 Stück 1849 gebaut, 26. April 1870 die noch vorhandenen 32 Stück aus der Liste gestrichen. (4 Stück wurden schon früher kondemnirt.)

Kanonen-Jollen (im Ganzen 6), 1848—1849 gebaut, 26. April 1870 die noch vorhandenen 4 Stück aus der Liste gestrichen. (2 Stück wurden schon früher kondemnirt.)

KOMET, Kanonenboot, 1. September 1859 der Bau begonnen, 1. September 1860 von der königlichen Werft in Danzig abgelaufen.

KÖNIG WILHELM, Panzer-Fregatte, 20. August 1866 die beabsichtigte Erwerbung des für die türkische Regierung bei der „Thames Iron Works" im Baue befindlichen FATIKH vom Marine-Ministerium ausgesprochen, 6. Februar 1867 Abschluß des Kaufvertrages, 25. April 1868 vom Stapel gelaufen.

KROKODIL I, Kanonenboot, 1860 von einer Privat-Werft in Elbing abgelaufen, 14. März 1867 kondemnirt.

KROKODIL II, Panzer-Kanonenboot, 13. September 1879 von der Werft der Aktiengesellschaft „Weser" in Bremen abgelaufen.

KYKLOP I, Kanonenboot, 8. September 1859 der Bau begonnen, 8. September 1860 von der königlichen Werft in Danzig abgelaufen, 1873—1874 in Eisen umgebaut.

KYKLOP II, Kanonenboot, 5. August 1874 als erstes eisernes Kanonenboot von der kaiserlichen Werft in Danzig abgelaufen.

LAURA, Hulk, Jahr der Erbauung und Demolirung nicht bekannt. (Kommt nur einmal, und zwar in der Liste von 1876 vor.)

LEIPZIG (ex THUSNELDA), gedeckte Korvette, December 1873 der Bau begonnen, 13. September 1875 von der Werft der Maschinenbau-Anstalt „Vulkan" zu Bredow bei Stettin abgelaufen.

LEOPARD, Tonnenleger, Jahr der Erbauung nicht bekannt, 1876 kondemnirt.

LORELEY I, Rad-Aviso, 1. Februar 1858 der Bau begonnen, 20. Mai 1859 von der königlichen Werft in Danzig abgelaufen, in den Jahren 1870—1871 in den eisernen Aviso LORELEY II umgebaut.

LORELEY II, Rad-Aviso, 19. August 1871 von der kaiserlichen Werft in Wilhelmshaven abgelaufen.

LUISE, Glattdeck-Korvette, 11. Juni 1870 der Bau befohlen, Juni 1871 der Bau begonnen, 17. December 1872 von der kaiserlichen Werft in Danzig abgelaufen.

MARS, Artillerieschiff, 15. November 1879 von der kaiserlichen Werft in Wilhelmshaven abgelaufen.

MEDUSA, Glattdeck-Korvette, 6. Februar 1862 der Bau begonnen, 20. Oktober 1864 von der königlichen Werft in Danzig abgelaufen.

MERKUR, Uebungsschiff, im Frühjahr 1850 angekauft, Jahr der Kondemnirung nicht bekannt (wahrscheinlich 1859).

117

METEOR, Kanonenboot, 23. Mai 1861 der Bau befohlen, 27. Juli 1861 der Bau begonnen, 17. Mai 1865 von der königlichen Werft in Danzig abgelaufen, 27. November 1877 aus der Liste gestrichen.

MÖWE, Schrauben-Aviso, 8. Oktober 1879 von der Schichau'schen Werft in Elbing abgelaufen.

MOLTKE, gedeckte Korvette, Juli 1875 der Bau begonnen, 13. Oktober 1877 von der kaiserlichen Werft in Danzig abgelaufen.

MOTLAU, Schleppdampfer, Jahr der Erbauung nicht bekannt.

MÜCKE, Panzer-Kanonenboot, der Bau Februar 1876 begonnen, 5. Mai 1877 von der Werft der Aktiengesellschaft „Weser" in Bremen abgelaufen.

MUSQUITO, Brigg, Jahr der Erbauung nicht bekannt, 1862 von der englischen Marine angekauft.

NATTER, Kanonenboot, 1860 von einer Privat-Werft in Wolgast abgelaufen.

NAUTILUS, Kanonenboot, 9. November 1869 der Bau befohlen, Januar 1870 der Bau begonnen, 31. August 1871 von der kaiserlichen Werft in Danzig abgelaufen.

NEPTUN, Transportdampfer, Jahr der Erbauung und Kondemnirung nicht bekannt (erscheint zum letztenmal in der Liste von 1868).

NIOBE, Segel-Fregatte, angeblich 1848 in England gebaut, 1862 von der englischen Marine angekauft.

NIX, Rad-Aviso, 1850 von Robinson & Russel zu Millwall (London) gebaut, 1855 mit SALAMANDER I gegen die Fregatte THETIS umgetauscht.

NOTUS, Schleppdampfer, Januar 1873 der Bau begonnen, 29. Oktober 1873 von der Werft der Maschinenbau-Anstalt „Vulkan" zu Bredow bei Stettin abgelaufen.

NYMPHE, Glattdeck-Korvette, 23. Juli 1861 der Bau befohlen, 25. Januar 1862 der Bau begonnen, 15. April 1863 von der königlichen Werft in Danzig abgelaufen.

OTTER, Kanonenboot, December 1876 der Bau begonnen, 7. Juni 1877 von der Schichau'schen Werft in Elbing abgelaufen.

PFEIL, Kanonenboot, 1860 auf einer Privat-Werft in Wolgast gebaut, 19. März 1872 aus der Liste gestrichen.

POMMERANIA, Rad-Aviso, Jahr der Erbauung nicht bekannt, 1870 von der Postverwaltung übernommen.

PREUSSEN, Panzer-Fregatte, 11. Juni 1870 der Bau befohlen, August 1871 der Bau begonnen, 22. November 1873 als erstes auf einer deutschen Privatwerft gebautes Panzerschiff von der Werft der Maschinenbau-Anstalt „Vulkan" zu Bredow bei Stettin abgelaufen.

PREUSSISCHER ADLER, Rad-Aviso, Jahr der Erbauung nicht bekannt, 3. Juni 1863 von der Postverwaltung übernommen, 27. November 1877 aus der Liste gestrichen.

PRINZ ADALBERT I, Panzer-Fahrzeug, 1865 in Frankreich gebaut, 28. Mai 1878 aus der Liste gestrichen.

PRINZ ADALBERT II (ex SÉDAN), gedeckte Korvette, December 1873 der Bau begonnen, 17. Juni 1876 von der Werft der Maschinenbau-Anstalt „Vulkan" zu Bredow bei Stettin abgelaufen.

RENOWN, Artillerieschiff, Jahr der Erbauung nicht bekannt, 1870 von der englischen Regierung angekauft.

RHEIN, Transportdampfer, September 1867 von der Werft der Maschinenbau-Anstalt „Vulkan" zu Bredow bei Stettin abgelaufen.

RIVAL, Hafendampfer, Januar 1873 der Bau begonnen, 2. September 1874 von der Werft der Maschinenbau-Anstalt „Vulkan" zu Bredow bei Stettin als Torpedo-Dampfer abgelaufen, 1879 Hafendampfer geworden.

ROVER, Brigg, Jahr der Erbauung nicht bekannt, 1862 von der englischen Regierung angekauft.

ROYAL VICTORIA, Schleppdampfer, 1851 angekauft, Jahr der Kondemnirung nicht bekannt.

SACHSEN, Panzer-Korvette, December 1874 der Bau begonnen, 21. Juli 1877 von der Werft der Maschinenbau-Anstalt „Vulkan" zu Bredow bei Stettin abgelaufen.

SALAMANDER I, Rad-Aviso, 1850 von Robinson & Russel zu Millwall (London) gebaut, 1855 mit NIX gegen die englische Fregatte THETIS umgetauscht.

SALAMANDER II, Kanonenboot, 1860 in Stettin gebaut, 12. November 1878 aus der Liste gestrichen.

SALAMANDER III, Panzer-Kanonenboot, 6. Januar 1880 von der Werft der Aktiengesellschaft „Weser" in Bremen abgelaufen.

SCHILLIG, Zwischenfahrer des Lootsen-Kommandos an der Jade, 1879 vom Schiffbaumeister Rogge in Brake gebaut.

SCHWALBE, Kanonenboot, 1860 in Stettin gebaut, 19. März 1872 aus der Liste gestrichen.

SÉDAN, siehe PRINZ ADALBERT II.

SKORPION I, Kanonenboot, 1860 in Stettin gebaut, 9. Januar 1877 aus der Liste gestrichen.

SKORPION II, Panzer-Kanonenboot, Februar 1876 der Bau begonnen, 19. Mai 1877 von der Werft der Aktiengesellschaft „Weser" in Bremen abgelaufen.

SPERBER, Kanonenboot, 1860 in Stettin gebaut, 12. November 1878 aus der Liste gestrichen.

STOSCH, gedeckte Korvette, November 1875 der Bau begonnen, 13. Oktober 1877 von der Werft der Maschinenbau-Anstalt „Vulkan" zu Bredow bei Stettin abgelaufen.

SWINE (ex ALMA), Tender, 1870 angekauft.

STEIN, gedeckte Korvette, 14. September 1879 von der Werft der Maschinenbau-Anstalt „Vulkan" zu Bredow bei Stettin abgelaufen.

THETIS, Segel-Fregatte, 1855 gegen NIX und SALAMANDER I von der englischen Regierung eingetauscht.

THUSNELDA, siehe LEIPZIG.

TIGER, Kanonenboot, 1860 zu Grabow bei Stettin gebaut, 9. Januar 1877 aus der Liste gestrichen.

Ulan, Torpedoboot, Mai 1875 der Bau begonnen, 3. April 1876 von der Werft der „Stettiner Maschinenbau-Aktiengesellschaft" (früher Möller & Stolberg) abgelaufen.

Undine, Brigg, 17. December 1869 von der königlichen Werft in Danzig abgelaufen.

Victoria, Glattdeck-Korvette, 26. September 1864 vom Schiffbaumeister Armand in Bordeaux gekauft.

Vineta, gedeckte Korvette, 17. September 1860 der Bau begonnen, 4. Juni 1863 von der königlichen Werft in Danzig abgelaufen.

Viper, Panzer-Kanonenboot, Mai 1875 der Bau begonnen, 21. September 1876 von der Werft der Aktiengesellschaft „Weser" in Bremen abgelaufen.

Wangeroge, Lootsen-Schuner, 10. August 1866 den in Poole (England) gebauten Schuner übernommen.

Weser, Kasernschiff, Jahr der Erbauung nicht bekannt, 1875 oder 1876 kondemnirt.

Wespe i, Kanonenboot, 1860 auf einer Privat-Werft zu Grabow bei Stettin gebaut, 19. März 1872 aus der Liste gestrichen.

Wespe ii, Panzer-Kanonenboot, Mai 1875 der Bau begonnen, 6. Juli 1876 als erstes Panzer-Kanonenboot von der Werft der Aktiengesellschaft „Weser" in Bremen abgelaufen.

Wilhelmshaven, Lootsen-Dampfer, 1875 abgelaufen.

Wolf i, Kanonenboot, 1860 auf einer Privat-Werft zu Grabow bei Stettin gebaut, 26. September 1875 aus der Liste gestrichen.

Wolf ii, Kanonenboot, September 1876 der Bau begonnen, 21. März 1878 von der kaiserlichen Werft in Wilhelmshaven abgelaufen.

Württemberg, Panzer-Korvette, November 1876 der Bau begonnen, 9. November 1878 von der Werft der Maschinenbau-Anstalt „Vulkan" zu Bredow bei Stettin abgelaufen.

Zephyr, Schleppdampfer, Januar 1873 der Bau begonnen, 1874 abgelaufen.

Zieten, Torpedo-Dampfer, Juni 1875 der Bau begonnen, 9. März 1876 von der Werft der „Thames Iron Works and Shipbuilding Company" abgelaufen.

Die deutsche Flotte wird im Jahre 1883 folgenden Stand haben:

14 Schlachtschiffe { 8 Panzer-Fregatten, 6 Panzer-Korvetten,

18 Küstenvertheidigungs-Fahrzeuge (Panzer-Kanonenboote), und

38 Kreuzer { 20 Korvetten, 18 Kanonenboote,

wozu dann noch eine gewisse Anzahl Avisos, Schulschiffe, Transport-Fahrzeuge, sowie Fahrzeuge für den Hafendienst kommen.[1]

Die gepanzerten Schiffe und Fahrzeuge (Schlachtschiffe und Küstenvertheidigungs-Fahrzeuge) der deutschen Flotte zerfallen in drei Gruppen:

I. In Panzerschiffe, welche, neben ihrer Anwendbarkeit als Schlachtschiffe in der Nähe der heimischen Gewässer, für den gleichen Zweck auch in entfernten Meeren benutzt werden können.

II. In Panzerschiffe, deren Verwendung als Schlachtschiffe sich hauptsächlich auf die heimischen Gewässer beschränken soll, die daher mehr oder weniger zur offensiven Küstenvertheidigung bestimmt sind.

III. In Panzer-Fahrzeuge zur lokalen Küstenvertheidigung.

Der ersten Gruppe gehören die Panzer-Fregatten, der zweiten Gruppe die Panzer-Korvetten an; die dritte Gruppe wird durch die Panzer-Kanonenboote repräsentirt.

Schlachtschiffe.

Die deutsche Schlachtflotte wird im Jahre 1883 aus

14 Panzerschiffen { 8 Panzer-Fregatten und 6 Panzer-Korvetten

bestehen.

Von den Panzer-Fregatten sind alle acht fertiggestellt. Grosser Kurfürst wird, so lange die Hebungsversuche nicht definitiv aufgegeben werden, in der officiellen Liste fortgeführt. Sollten dieselben resultatlos bleiben, so wird ein Ersatzbau vorgenommen werden.

Von den Panzer-Korvetten sind fünf fertiggestellt und eine noch Projekt. Für die Hansa, welche vermöge ihrer Offensiv- und Defensiv-Eigenschaften nicht in den Rahmen des Flottengründungsplanes vom Jahre 1873 paßt, wird im Laufe der nächsten Jahre ein Ersatzbau vorgenommen werden.

[1] Eine interessante „Studie über die deutsche Marine" von Spiridion Gopčević befindet sich in den Nummern 3, 4, 5 und 6 der „Deutschen Heeres-zeitung", Jahrgang 1880.

Hinweis auf einschlägige Literatur

Kronenfels, J. Ferdinand v.: Das schwimmende Flottenmaterial der Seemächte: Eine kurzgefaßte Beschreibung der wichtigsten europäischen, amerikanischen und asiatischen Kriegsschiffe der neueren und neuesten Zeit/J. F. v. Kronenfels. – Wien: A. Hartleben's Verlag, 1881.

Die Heere und Flotten der Gegenwart. Bd. 1: Deutschland/hrsg. von J. v. Pflugk-Harttung. – Berlin 1898.

Werner, Reinhold: Das Buch von der Deutschen Flotte/Reinhold Werner. – 7. verm. u. verb. Aufl. – Bielefeld und Leipzig: Velhagen & Klasing, 1898.

Taschenbuch der Deutschen Kriegsflotte/hrsg. v. B. Weyer. – München: J. F. Lehmann, 1900.

Wislicenus, Georg: Deutschlands Seemacht sonst und jetzt/Georg Wislicenus. – 2., neubearb. u. erw. Aufl. – Leipzig: F. W. Grunow, 1901.

Persius, Lothar: Menschen und Schiffe in der Kaiserlichen Flotte/Lothar Persius. – Berlin: Dietz 1925.

Gröner, Erich: Die deutschen Kriegsschiffe 1815–1945. Bd. 1/Erich Gröner. – München 1966.

Marine und Marinepolitik im kaiserlichen Deutschland 1871–1914/hrsg. von M. Schottelius und W. Deist. – Düsseldorf 1972.

Hansen, Hans Jürgen: Die Schiffe der deutschen Flotte 1848–1945/Hans Jürgen Hansen. – Gröfelfing vor München: 1973.

Brennecke, Jochen: Panzerschiffe und Linienschiffe 1860–1910/Jochen Brennecke; Herbert Hader. – Herford: Koehler 1976.

Breyer, Siegfried: Schlachtschiffe und Schlachtkreuzer: 1905–1970/Siegfried Breyer. – Herford: Koehler 1976.

Hildebrand, Hans H.: Die deutschen Kriegsschiffe: Biographien: ein Spiegel der Marinegeschichte von 1815 bis zur Gegenwart. 7 Bde./Hans H. Hildebrand; Albert Röhr; Hans-Otto Steinmetz. – 2. Aufl. – Herford: Koehler 1983.

Die Kaiserliche Marine auf alten Postkarten/ges. und hrsg. von Theo Beer. Texte und Gliederung von Arnold Kludas. – Hildesheim: Gerstenberg, 1983.

Schiffahrt auf alten Photographien/hrsg. vom Altonaer Museum in Hamburg, Norddeutsches Landesmuseum. – 3. verb. Aufl. – Herford: Koehler, 1983.

Seefahrt und Geschichte. Herford–Bonn 1986.

Beer, Karl-Theo: Der Hamburger Hafen auf alten Ansichtskarten/Karl-Theo Beer; Arnold Kludas. – Herford: Koehler, 1988.

Lakowski, Richard: U-Boote: Zur Geschichte einer Waffengattung der Seestreitkräfte/Richard Lakowski. – 2. Aufl. – Berlin: Militärverlag der DDR, 1987.

Tafel III.

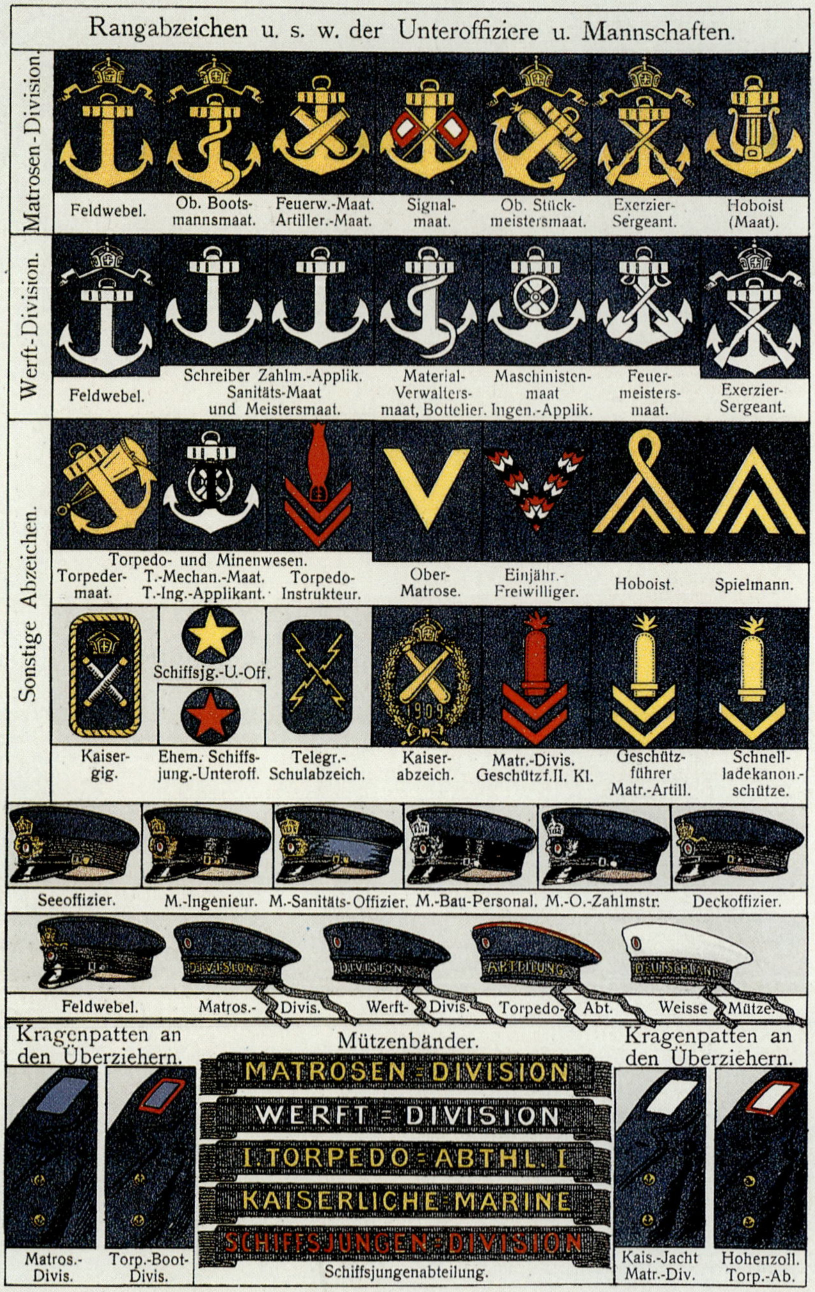

M. Seeger, Stuttgart